Tobias Bode

Unser naturnaher Kleingarten

Gedruckt auf
100% Recyclingpapie

Tobias Bode

Unser naturnaher Kleingarten

Artenvielfalt und Ernteglück im Schrebergarten

pala verlag

Inhalt

Unser naturnaher Kleingarten

Ihr habt gerade eine Kleingartenparzelle übernommen oder bewirtschaftet sie schon länger, möchtet diese naturnah gestalten und wisst noch nicht so genau, wie ihr dabei vorgehen könnt – und dürft? Stichworte »Bundeskleingartengesetz« und »Gartenordnung«. Dann seid ihr hier genau richtig. Knapp 370 Quadratmeter groß ist ein durchschnittlicher Kleingarten. Diese Fläche teilen sich Gemüsebeete, Obstbäume, Rasen oder Wiese, Staudenbeete sowie Laube, Sitzplätze und Wege. Mit etwas Planung könnt ihr eure Parzelle so gestalten, dass neben Obst und Gemüse auch die Natur ihren Platz findet. Mit den vielen Ideen in diesem Buch könnt ihr euch von Anfang an auf den Weg zum naturnahen Kleingarten machen.

Akkurat geschnittene Rasenflächen, Blaukorndünger, alles steril und ordentlich: Das sind gängige Klischees. Doch es tut sich was! Immer mehr Kleingärtnerinnen und Kleingärtner möchten ihre Parzelle nachhaltiger und ökologischer gestalten. Und dieses Buch zeigt, wie es funktionieren kann. Dann heißt es vielleicht irgendwann: Kleingärten? Das sind doch diese kleinen Hotspots der Artenvielfalt, in denen auch eine Menge Obst und Gemüse wächst.

Was erwartet euch in diesem Buch?

Eines vorweg: Dieses Buch ist kein allumfassender Ratgeber zu sämtlichen Gartenthemen. Dafür sind sie viel zu komplex und nicht umsonst stehen bei der Ausbildung im Gartenbau sieben Fachrichtungen zur Auswahl. Das Buch soll euch vielmehr inspirieren, Bewährtes und Neues auszuprobieren und dann euren eigenen Weg zu finden. Zur Vertiefung findet ihr am Ende des Buchs zusätzlich Literaturtipps, Verweise auf informative Internetseiten sowie Kontaktadressen zu Gärtnereien, gärtnerischen Institutionen und natürlich zu anderen Kleingartenvereinen.

◀ Blick in unsere 250 Quadratmeter große Parzelle in München-Moosach

Außerdem soll das Buch zeigen, dass ein Kleingarten auch ein Experimentierfeld ist. Wir probieren etwas aus, es klappt oder wir verwerfen es. Wir arbeiten mit der Natur, da kommt das vor. Und was in dem einen Garten gut klappt, geht einige Meter weiter schief. Gärtnern bedeutet auch, mit Rückschlägen klarzukommen. Probieren, scheitern, wieder probieren und dann eine passende Lösung finden. Uns geht es da in unserer Parzelle nicht anders, jedes Gartenjahr aufs Neue.

Für den naturnahen Kleingarten gibt es nicht die eine Blaupause, die sich ohne Weiteres auf alle Grundstücke übertragen lässt. Denn jede Gärtnerin und jeder Gärtner hat andere Vorlieben in Sachen Pflanzenauswahl und Gestaltung. Viele Wege führen zum Ziel! Daher schauen wir auch in andere Kleingartenanlagen. Es geht nach München, Hamburg, Duisburg, Dresden und Rostock.

In diesem Buch stecken Erfahrungen von Kleingärtnerinnen und Kleingärtnern aus ganz Deutschland. Alle mit unterschiedlichen Herangehensweisen, aber mit einem Ziel: für mehr Artenvielfalt im Kleingarten sorgen. Die Gestaltung unserer eigenen Parzelle ist der rote Faden dieses Buchs und auch wir holen uns regelmäßig Tipps, nicht nur von anderen Kleingärtnerinnen und Kleingärtnern, sondern auch von Fachleuten aus der Permakultur, der Staudengärtnerei und dem Fledermaus- und Vogelschutz.

Rundgang durch unseren Garten

Bevor wir uns die einzelnen Elemente des Kleingartens und die grundlegenden Prinzipien im Detail anschauen, machen wir erst mal einen kleinen Rundgang durch unsere Parzelle. Wir betreten den Garten durch einen Metallbogen, an dem an der einen Seite Efeu und an der anderen Seite Wilder Wein ranken. Am Efeu ist ab Mitte September richtig viel los. Dann beginnt er zu blühen und wird von Bienen, Wespen, Fliegen und Schmetterlingen besucht. Der Wilde Wein folgt dann schnell mit seiner knallig roten Herbstfärbung. Beide Kletterpflanzen bilden Früchte für Vögel.

Weiter geht's in den Garten über den Materialmixweg aus Klinkern, Beton- und Natursteinen. Die Fugen haben wir extra groß geplant, damit sich dort Pflanzen ansiedeln und Wasser versickern kann. Links neben dem Weg ist ein neues Staudenbeet entstanden mit verschiedenen Storchschnäbeln, Fetthennen, Glockenblumen, Gräsern und Königskerzen. Auf der rechten Seite des Weges stehen zwei alte Obstbäume, die schon mehrere Jahrzehnte auf dem Buckel haben. Die Stämme sind bereits ziemlich lädiert, sodass wir die Kronen regelmäßig durch einen Schnitt entlasten. Unter den Kronen ist unser erster Sitzplatz, eine Bank aus aufgeschichteten Rasensoden, eingefasst mit Ästen und Zweigen. Im Frühjahr, wenn wir die Rasenbank noch nicht nutzen, blühen hier Krokusse und Traubenhyazinthen. Dann macht der Weg einen 90-Grad-Knick in Richtung Laube. Hier kommen wir am Wildstaudenbeet mit Blut-Storchschnabel, Steppen-Salbei, Ochsenauge und einjährigen Pflanzen wie dem Nelken-Leimkraut vorbei.

Willkommen in unserem Kleingarten

Auf der anderen Seite des Weges liegt ein kleines Kräuterbeet, das mit Bruchsteinen eingefasst ist. Im Weg blühen Thymian, Mauerpfeffer und Felsen-Nelke. Jetzt geht's einmal um die Laube, vorbei an einer kleinen Rasenfläche, aus der im Frühjahr Graue Sandbienen schlüpfen, zum Schattenbeet. Das liegt vor der Ligusterhecke, die unsere Parzelle zum Gemeinschaftsweg hin begrenzt. Das Schattenbeet ist mit Stammabschnitten einer Birke eingefasst, die im Außenbereich der Kleingartenanlage gefällt werden musste. Im Schatten der Hecke wachsen unter anderem Wald-Ziest, Sterndolde, Zimbelkraut und Lungenkraut. Besonders beliebt ist das Lungenkraut im Frühjahr bei Pelzbienen.

An der Ostseite unserer Laube wächst ein Weinstock, im alten Flieder an der Grundstücksgrenze klettert ein Geißblatt in die Höhe. Haben wir die Laube umrundet, fällt der Blick in Richtung Gemüsebeet. Über einen bewachsenen Weg aus großen Kieseln geht's vorbei an zwei kleinen Sandbeeten in die zentrale Nutzfläche. Hier wächst Gemüse in Mischkultur,

◄ Wir kombinieren naturnahe Elemente mit Stauden, Kräutern und Wildblumen
▲ Unsere Rasenbank hat eine Umrandung aus Ästen und Zweigen (links), das Kräuterbeet ist mit Bruchsteinen eingefasst (rechts)

ohne Pestizide und mineralische Dünger. Wir graben nicht um, die meisten Gemüsearten wachsen auf kleinen Hügelbeeten. An der Westseite des Gartens zum Nachbarn stehen neben Essig- und Hecht-Rose heimische Stauden wie Wiesen-Storchschnabel, Acker-Witwenblume, Wiesen-Salbei, Natternkopf, Wegwarte und Gewöhnliche Goldrute. Diesen Bereich lassen wir weitgehend in Ruhe, in kleinen Stein- und Totholzhaufen können sich Tiere verstecken. An der Südseite des Gemüsegartens liegt unser Lieblingsplatz. Hier sitzen wir abends auf der kleinen Mauer aus alten Beton- und Klinkersteinen und schauen über unseren Garten. Bis in den Garten der Nachbarn. Denn Zäune oder Hecken zwischen den Parzellen gibt es bei uns nicht.

Die Naturgarten-Idee im Kleingarten

Nach § 1, Ziffer 1 des Bundeskleingartengesetzes ist ein Kleingarten »ein Garten, der dem Nutzer (Kleingärtner) zur nichterwerbsmäßigen gärtnerischen Nutzung, insbesondere zur Gewinnung von Gartenbauerzeugnissen für den Eigenbedarf, und zur Erholung dient (kleingärtnerische Nutzung).« Weiterhin ist ein Kleingarten immer Teil einer Kleingartenanlage. Der Nutzgartenanteil muss die Parzelle maßgeblich prägen. In der Regel ist das der Fall, wenn in einem Drittel des Gartens gärtnerische Kulturen wie Obst, Gemüse und Kräuter angebaut werden.

In Deutschland gibt es rund 900 000 Kleingärten auf einer Fläche von 44 000 Hektar. Ein Großteil davon liegt im urbanen Raum und in manchen Städten beträgt die Wartezeit auf eine eigene Parzelle mehrere Jahre. Einen Kleingarten bewirtschaften zu dürfen, empfinden wir als Privileg. Daher ist es für uns selbstverständlich, dass wir sorgsam mit dem uns anvertrauten Boden umgehen. Und für uns gehört es zu unserer Verantwortung, diese Fläche nicht nur so zu bewirtschaften, dass sie uns nützt (Obst und Gemüse), sondern auch der Gesellschaft. Indem wir den Garten nachhaltig pflegen, die Artenvielfalt unterstützen und unser Wissen und unsere Erfahrungen teilen. Und je mehr mitmachen, desto besser! Seit der letzten Novellierung des Bundesnaturschutzgesetzes sind Kleingartenanlagen in § 1 ausdrücklich als schützenswerte Flächen genannt.

Verwildert oder naturnah?

Dürft ihr eure Parzelle überhaupt naturnah anlegen? Gibt es nicht Gesetze und Ordnungen, die penibel vorschreiben, wie ein Kleingarten auszusehen hat? Eines vorweg: Naturnahe Gartengestaltung und der biologische Anbau von Obst und Gemüse im Sinne des Bundeskleingartengesetzes

◄ Insgesamt 122 Parzellen liegen in der Kleingartenanlage NW 18

passen perfekt zusammen. Aber es gibt Rahmenbedingungen. Wenn ihr in einem Kleingartenverein Mitglied werdet, müsst ihr euch an bestimmte Regeln halten, deren Einhaltung von den Vorständen im Optimalfall regelmäßig kontrolliert wird. Das Bundeskleingartengesetz gibt den Rahmen vor, an den sich alle Kleingartenvereine in Deutschland halten müssen. Auf Landesebene werden diese Vorgaben dann noch detaillierter festgelegt. Dazu gehören beispielsweise Mustervereinssatzungen oder Mustergartenordnungen sowie Vorgaben und Verwaltungsvorschriften der öffentlichen Hand. Konkret wird es für euch dann in eurem Verein. Hier sind für euch besonders die Satzung und die Gartenordnung wichtig. In der Gartenordnung steht meist, was ihr in eurem Garten machen dürft und was nicht. Und gerade die Gartenordnung unterscheidet sich im Detail von Verein zu Verein, sie darf den im Bundeskleingartengesetz gesetzten Rahmen aber nicht verletzen. Daher solltet ihr euch die Gartenordnung gut durchlesen und im Zweifel beim Vorstand nachfragen. In Österreich gilt das österreichische Kleingartengesetz. Dort sind Grundstücksgrößen von mehr als 120 und höchstens 650 Quadratmeter genannt. Und Kleingärten können innerhalb oder außerhalb einer Kleingartenanlage liegen. In der Schweiz sind Kleingärtnerinnen und Kleingärtner im Schweizer Familiengärtner-Verband organisiert. Die Vorgaben sind dort kantonal geregelt.

Ohne Pflege geht's nicht

Auch ein naturnaher Kleingarten braucht Pflege. Würden wir einfach alles unkontrolliert wachsen lassen, würden wir zu Recht abgemahnt werden, da ein solcher Zustand mit der kleingärtnerischen Nutzung nicht vereinbar ist. Blumenwiesen müssen regelmäßig gemäht und das Mähgut entfernt werden, damit die Wildblumen auch im kommenden Jahr wachsen können. Auch Stauden schneiden wir irgendwann zurück, um Platz für den Neuaustrieb zu machen und damit sich frühblühende Zwiebelblumen entfalten können. Ohne regelmäßigen Schnitt vergreisen unsere Obstbäume und Beerensträucher, sodass sie irgendwann nur noch wenige Früchte liefern. Bei der Pflege eines Kleingartens geht es nicht zwingend darum, dass er »ordentlich« aussieht, sondern dass er mit seinen unterschiedlichen naturnahen Elementen auch lange funktioniert und die Artenvielfalt unterstützt.

Vom Nutzen des Bundeskleingartengesetzes

Wer hat sie in den krawalligen Fernsehsendungen über Kleingärten nicht schon gesehen? Vorstände, die mit Zollstock durch die Anlage patrouillieren, um falsche Heckenhöhen zu bemängeln und ungemähten Rasen zu reklamieren. Alles muss schließlich seine Ordnung haben! So übertrieben diese Szenen sind, haben sie doch einen wahren Kern. Wenn wir einen Kleingarten bewirtschaften, müssen wir uns an Regeln halten. Ein Kleingarten in einem Kleingartenverein ist nicht das Gleiche wie der Garten am Reihenhaus oder in einer Freizeitgartenanlage. Rechte und Pflichten sowie die Grundlagen des Kleingartenwesens sind im Bundeskleingartengesetz definiert. Viel entscheidender als die Pflichten sind aber die Vorzüge dieses Gesetzes. Es sichert nämlich eine günstige Pacht für unsere Kleingärten. In § 5 Abs. 1 BKleingG heißt es, dass die Pacht höchstens den vierfachen Betrag der ortsüblichen Pacht im erwerbsmäßigen Obst- und Gemüsebau betragen darf. Was heißt das konkret? Für unseren Kleingarten in München zahlen wir mit Vereins- und Verbandsbeiträgen etwa 350 Euro pro Jahr. Um diesen günstigen Pachtpreis zu begründen, müssen in den Kleingärten natürlich auch Obst und Gemüse angebaut werden. Es hat also seinen Grund, dass wir im Kleingarten Regeln beachten müssen. Ohne das Bundeskleingartengesetz gäbe es heute wahrscheinlich viele Kleingartenanlagen nicht mehr. Das Gesetz schützt Kleingartenanlagen vor willkürlichen Kündigungen des Flächeneigentümers. Und sollte es durch einen neuen Bebauungsplan zu einer ordentlichen Kündigung kommen, sind sowohl die Kündigungsfristen, die Entschädigung als auch die »Bereitstellung und Beschaffung von Ersatzland« geregelt. Die Einhaltung der Regeln ist elementar, um den Status als Kleingartenanlage nicht zu verlieren.

Der Anbau von Obst, Gemüse und anderen Gartenbauerzeugnissen für den Eigenbedarf muss die Nutzung der Einzelparzelle maßgeblich prägen. Nach einem Urteil des Bundesgerichtshofs ist »Dies (...) in der Regel anzunehmen, wenn wenigstens ein Drittel der Fläche zum Anbau von Gartenbauerzeugnissen für den Eigenbedarf genutzt wird. Besonderheiten, wie eine atypische Größe der Parzelle, topografische Eigentümlichkeiten oder eine Bodenqualität, die den Anbau von Nutzpflanzen teilweise nicht zulässt, können eine vom Regelfall abweichende Beurteilung rechtfertigen.« Diese abweichende Beurteilung sollte aber beispielsweise mit einem Gutachten geklärt und schriftlich festgehalten werden.

Die weiteren Drittel entfallen auf die »Laube und Nebenanlagen« und die »Erholungsnutzung«. Zu Erstgenanntem gehören etwa die Laube, der überdachte Freisitz, Wege und befestigte Flächen. Zu der Kategorie »Erholungsnutzung« gehören Blumenbeete, Rasen, Teiche, Stein- und Totholzhaufen. Die schauen wir uns später noch genauer an.

Werfen wir als Erstes einen Blick auf die gärtnerische Nutzung, die natürlich auch mehr Fläche als ein Drittel der Parzelle einnehmen darf. Zur gärtnerischen Nutzung gehören Beete und Hochbeete mit ein- und mehrjährigen Gemüsekulturen, Kräuter, Obstbäume, Beerensträucher und Wildobst oder auch Schnittblumen. Wichtig ist dabei, dass die Pflanzen nicht nur angebaut, sondern auch geerntet und genutzt werden. Ein Holunder oder eine Kornelkirsche, die als Ziersträucher kultiviert werden, zählen daher nicht zur gärtnerischen Nutzung. Es reicht übrigens auch nicht, ein Drittel der Parzellenfläche ausschließlich als Streuobstwiese anzulegen oder nur mit Dauerkulturen wie Rhabarber zu bepflanzen, um die nötige kleingärtnerische Nutzung zu erreichen. Der Mix der Kulturen ist entscheidend, wie im Kommentar zum Bundeskleingartengesetz verdeutlicht wird: »Die Gewinnung von Obst, Gemüse und anderen Früchten ist zwingender Bestandteil dieser Nutzungsart. Wegen der erforderlichen Vielfalt von Gartenbauerzeugnissen reichen auch Dauerkulturen z. B. Obstbäume und Beerensträucher (auf Rasenflächen) nicht für eine kleingärtnerische Nutzung aus.«

Wenn es darum geht, die gärtnerische Nutzfläche zu beurteilen, werden sämtliche Anbauflächen ermittelt. Wie das im Detail aussieht, ist ausführlich in dem Buch »Recht im Kleingarten« (siehe Literaturtipp im Anhang) beschrieben. Hier daher nur ein kleiner Exkurs: Die Flächen bei Gemüse- und Kräuterbeeten zu ermitteln, ist in der Regel relativ einfach, bei Obstbäumen kann das schon schwieriger werden. Bei ihnen wird die Traufläche der Krone ermittelt, sofern der Baum fachgerecht geschnitten ist und die Früchte genutzt werden. Ist der Baum ungepflegt oder wird er beispielsweise nur als Gerüst für eine Schaukel genutzt, wird die Trauffläche nicht der Anbaufläche zugerechnet.

Im Bundeskleingartengesetz sind aber noch weitere Dinge geregelt. Etwa, dass eine Laube einschließlich des überdachten Freisitzes eine Grundfläche von 24 Quadratmeter nicht überschreiten und in ihrer Ausstattung nicht zum dauerhaften Wohnen geeignet sein darf.

Interessant ist für euch die Gartenordnung eures Vereins. In der kann zum Beispiel vorgeschrieben sein, welche Gehölze ihr anpflanzen dürft, ob ein Teich angelegt werden darf oder wie hoch die Hecken sein dürfen. Durch die begrenzte Heckenhöhe sollen Besucherinnen und Besucher der Anlage einen Blick in die Gärten werfen können, denn Kleingartenanlagen sind öffentliche Grünflächen.

Naturnahe Kleingärten erkennen

Bei der Frage, ob es sich bei einer Parzelle um eine naturnahe Gestaltung oder um einen verwilderten Garten handelt, gibt es immer wieder Diskussionen. Eine naturnahe Gestaltung und ein verwilderter Garten sind nicht dasselbe! Die kleingärtnerische Nutzung steht immer im Vordergrund. Und dafür müssen Obst, Gemüse und Kräuter so angebaut werden, dass sie auch tatsächlich geerntet und genutzt werden können. Wer in der Parzelle alles ohne Eingriff wachsen lässt, hat vielleicht irgendwann einen »wilden« Garten, es ist dann aber kein Kleingarten mehr. Das bedeutet nicht, dass in eurer Parzelle alles in Reih und Glied wachsen muss.

Im Gemüsebeet dürfen zwischen den Gemüsepflanzen Blumen wachsen

Eine kleinteilige, naturnahe Bewirtschaftung mit Mischkulturen und verschiedenen Gartenräumen erfüllt die vorgegebenen Bedingungen genauso. Bei Beschwerden muss immer genau geprüft werden, ob man es mit Bewirtschaftungsmängeln, Pflegerückständen oder einem naturnahen Gartenkonzept zu tun hat. Bei einem Garten handelt es sich immer um ein gestaltetes und bewirtschaftetes Stück Land. »Wenn keine Gestaltung und Bewirtschaftung stattfindet, ist es kein Garten mehr«, sagt Fachberater Joschka Meyer aus Hamburg, der sich mit diesem Thema bereits ausführlich auseinandergesetzt hat. Einen vernachlässigten oder unbewirtschafteten Kleingarten erkennt man etwa an vielen zwei- bis dreijährigen Gehölzsämlingen, die verteilt in der Parzelle wachsen, oder an flächig auftretender Spontanvegetation, die einen Großteil der Parzelle einnimmt. Für Thomas Bauer, öffentlich bestellter und vereidigter Sachverständiger für das Fachgebiet Haus- und Kleingarten aus Augsburg, gehören bei der Beurteilung von Bewirtschaftungsmängeln noch weitere Punkte dazu. Etwa, wenn keine Erntetätigkeit im Garten erkennbar ist und das Fallobst vom Vorjahr noch unter den Bäumen liegt, Gemüsebeete nicht bewirtschaftet werden oder ein seit langer Zeit nicht mehr durchgeführter Schnitt der Obstgehölze. Um den Zustand einer Parzelle im Hinblick auf Bewirtschaftungsmängel beurteilen zu können, hat Thomas Bauer eine Checkliste erstellt (siehe Literaturtipp im Anhang).

Tipps zur Akzeptanz von naturnahen Kleingärten im Verein

In einem Kleingartenverein sind wir in einer Gemeinschaft, in der das harmonische Zusammenleben im Vordergrund stehen sollte. Daher sollten wir unsere naturnahen Kleingärten so gestalten, dass sie auch von Menschen akzeptiert werden, die eine eher klassische Parzellenordnung bevorzugen. Eure Absicht sollte immer klar erkennbar sein. Hier einige Tipps für ein entspannteres Miteinander:

- Nicht zu kleinteilig: Verteilt Äste und Stämme nicht überall in kleinen Portionen im Garten, sondern platziert Totholz bewusst als Haufen oder solitäres Element.
- Wenn ihr Wiesen anlegt oder eure Rasenflächen wegen der Insekten weniger mähen möchtet, mäht dennoch einen Teil der Flächen und Wege in die Wiese oder den Rasen. Auch hier ist es wichtig, dass es sich erkennbar um einen bewusst ungemähten Rasen handelt. Auch

Das Schild am Eingang zeigt: Hier wird naturnah gegärtnert und das freut die Tier- und Pflanzenwelt

bei vielen öffentlichen, extensiv gepflegten Grünflächen werden in der Regel bewusst die Ränder gemäht. Stichwort: »Akzeptanzstreifen«.

- Nicht zu flächig: Die Struktur eines Kleingartens wird durch die optische Trennung von Beeten und Wegen deutlich. Dafür gibt es viele naturnahe Lösungen: Reisighecken, Trockenmauern, Stämme, Kräuterhecken … In diesem Buch findet ihr viele Beispiele.
- Beachtet die kleingärtnerische Nutzung. Baut Obst, Gemüse und Kräuter an, schneidet eure Beerensträucher und Obstbäume regelmäßig, sodass sie zuverlässig Früchte liefern.
- Schilder anbringen: Macht eure Idee deutlich, indem ihr an eurem Gartentor Schilder platziert: »Hier entsteht ein insektenfreundlicher Kleingarten« oder »Dieser Kleingarten ist für uns und für Tiere«. Mittlerweile gibt es von verschiedenen Initiativen solche Schilder.
- Zertifizierungen: Lasst euren Garten als naturnahen Kleingarten zertifizieren und zeigt damit auch nach außen, welches Prinzip ihr verfolgt.

Warum naturnah, warum im Kleingarten?

Kleingärten als Beitrag zur Artenvielfalt

Kleingärten können zu besonders wertvollen Lebensräumen werden. Die Anlagen sind in der Regel reich und kleinteilig strukturiert. Mit Hecken, Gemüse- und Staudenbeeten, Obstbäumen und Komposthaufen. Eine ideale Voraussetzung für Artenreichtum. Und diese Chance sollten wir als Kleingärtnerinnen und Kleingärtner nutzen, um unseren Beitrag zu mehr Artenvielfalt zu leisten. Und das ist dringend nötig, denn mittlerweile nimmt die Anzahl fast aller bestäubenden Insekten immer mehr ab. Ein Großteil unserer Nutzpflanzen im Kleingarten ist von Insekten als Bestäuber abhängig. Nicht nur Honigbienen übernehmen diese Aufgabe, sondern vor allem Wildbienen, Fliegen, Käfer, Wespen und Schmetterlinge.

Gartenrotschwanz

Wir können Insekten unterstützen, indem wir auf Pestizide verzichten, Lebensräume in Form von Totholz, Steinhaufen und wilden Ecken anbieten, viele heimische Pflanzen als Nahrungsquelle anbieten und Löwenzahn und Brennnessel nicht sofort jäten. Wo viele Insekten sind, sind auch viele andere Tiere. So profitieren von unserem Einsatz auch Vögel, Fledermäuse, Igel und Co. Und je höher die Biodiversität ist, desto besser können Ökosysteme mit Störungen von außen umgehen.

Kleingärten fürs Stadtklima

Hierzulande sind aktuell etwa 45 Prozent der Siedlungs- und Verkehrsflächen versiegelt. Also bebaut, betoniert, asphaltiert oder gepflastert.

Bei versiegelten Flächen kann Wasser gar nicht oder nur schwer versickern, und es kann kein Wasser verdunsten, das im Sommer kühlen könnte (es entstehen »Wärmeinseln« in der Stadt). Auf ihnen können keine Pflanzen wachsen, die für Schatten sorgen und kühlen würden, und die Bodenlebewesen gehen zugrunde.

Igel, Eidechse, Krabbenspinne und Blattschneiderbiene finden in unserem Kleingarten Nahrung und Unterschlupf

Kleingartenanlagen stellen in manchen Stadtteilen die größte zusammenhängende Grünfläche und sie sind wichtige Frischluftschneisen für Städte und damit wichtig für das urbane Klima. Und je naturnäher diese Kleingärten gestaltet sind, desto besser. Wenn nur wenige Flächen in den Parzellen versiegelt sind, kann Regenwasser besser versickern und ins Grundwasser gelangen.

Naturnahe Kleingärten für uns!

Im naturnahen Kleingarten ernten wir nicht nur unser eigenes, ohne synthetisch hergestellte Mineraldünger und Pestizide herangewachsenes Obst und Gemüse. Wir haben auch die Natur direkt vor der Nase. Blattschneiderbienen fliegen mit selbst gerollten Blättern zu ihrem Nistplatz, die herrlich gefärbten Raupen des Schwalbenschwanzes fressen am Fenchel und die Krabbenspinne wartet in den Blüten auf ihre Beute.

Unser naturnaher Kleingarten im Zeitraffer

Meine Frau Sabine und ich haben unseren Kleingarten im Dezember 2018 übernommen. 250 Quadratmeter mit einer großen Rasenfläche und einem langen Weg aus Betonplatten. Von einem naturnahen Kleingarten war die Parzelle damals noch weit entfernt. Und auch von unserer Vorstellung eines Gartens. Daher ist dieses Buch auch unser Weg zum natur-

Im naturnahen Kleingarten:

- verzichten wir auf Pestizide,
- verzichten wir auf synthetisch hergestellte Dünger (z. B. Blaukorn),
- verzichten wir auf Torf,
- arbeiten wir mit und nicht gegen die Natur,
- sorgen wir für sparsamen Wassereinsatz,
- dürfen auch »Unkräuter« wachsen,
- wachsen viele heimische Wildpflanzen,
- wachsen nur wenige oder keine Pflanzen mit gefüllten Blüten, die für Insekten wertlos sind,
- sorgen wir für Nahrung und Unterschlupf für verschiedene Tiere,
- schaffen wir viele verschiedene Strukturen und Lebensräume für Tiere,
- pflegen wir den Boden (Mulch, kein Umgraben, Gründüngung, Fruchtfolge, Mischkultur),
- versiegeln wir so wenig Flächen wie möglich,
- verwenden wir so viel wie möglich wieder und wirtschaften in Kreisläufen (Grünschnitt, Betonplatten, Restholz – aber keine belasteten Materialien wie Bahnschwellen, Asbest, Teerpappe oder chemisch behandeltes Holz),
- bevorzugen wir bei neuen Baumaterialien regionale Produkte,
- stehen konstruktiver Holzschutz und natürliche Holzschutzmittel vor chemischen Holzschutzmitteln,
- achten wir auf eine lange Lebensdauer und Recyclingfähigkeit, wenn wir Kunststoff einsetzen,
- gibt es Ecken, die wir auch mal länger in Ruhe lassen,
- gibt es keinen unnötigen Maschineneinsatz,
- verzichten wir im Freien auf unnötige Beleuchtung und wir beleuchten nur ganz gezielt Wege und Arbeitsbereiche, wenn wir vor Ort sind.

nahen Kleingarten. Mit allen Hindernissen, Rückschlägen, interessanten Situationen und Erfahrungen. Einen Masterplan hatten wir für unseren Garten nicht, nur einige Vorgaben: Alles, was schon im Garten ist, bleibt auch im Garten; neues Baumaterial gibt's nur, wenn Nachbarn etwas abzugeben haben – oder über Kleinanzeigen. Aber auch nur dann, wenn die Angebote in einem angemessenen Umkreis zu bekommen sind. Was sollte der Garten noch sein? Obst- und Gemüselieferant, ein Lebensraum für Tiere, Experimentierfläche und natürlich ein Rückzugsort für uns.

Der Startschuss

Im Februar 2019 ging es los mit dem Gemüsebeet. Im Kleingarten steht der Anbau von Obst und Gemüse im Vordergrund, daher sollte diese Fläche den Schwerpunkt der Parzelle bilden. Da wir uns Schritt für Schritt vorarbeiten wollten und wir auch kaum Möglichkeiten hatten, Material zu lagern, durfte der Weg aus Betonplatten anfangs liegen bleiben. Daraus hat sich dann auch die quadratische Form des Gemüsebeetes ergeben. Immer im Hinterkopf, dass die gesamte Nutzfläche in einer Kleingartenparzelle etwa ein Drittel der Gartengröße einnehmen soll, haben wir für das erste Gemüsebeet eine Fläche von 50 Quadratmetern eingeplant. Hier haben wir die Rasensoden abgestochen und diese an verschiedenen Stellen umgedreht gestapelt und zu kleinen Haufen aufgetürmt. Später haben wir sie mit einer Plane abgedeckt, die Rasensoden konnten zerfallen und zu fruchtbarem Boden werden.

Erst Rasen, dann Gemüsebeet

Das Abstechen von Rasensoden ist anstrengend. Um euch die Arbeit zu erleichtern, könnt ihr euch an folgendem Vorgehen orientieren: Zunächst wird die Rasenfläche mit Schnüren in etwa 40 cm breite Abschnitte unterteilt. Entlang der Schnur dann über die gesamte Länge mit einem Spaten die Rasenwurzeln durchtrennen, sodass lange Rasenbahnen entstehen. Das Ganze wird noch mal wiederholt, allerdings um 90 Grad gedreht. So entstehen kleine Rasenquadrate. Mit dem Spaten geht man jetzt flach

Die Parzelle bei der Übernahme im Dezember 2018

Der Rasen wird abgetragen, die kleine Totholzhecke wächst

unter die Rasenquadrate und hebt sie heraus. Wichtig ist dabei die richtige Stärke der Rasensoden. Es sollen zwar viele Wurzeln mit herausgelöst werden, aber es soll möglichst viel Erde im Beet bleiben. Wem das zu viel Aufwand ist, kann sich auch eine Rasenschälmaschine leihen. Die schält die Rasensoden in einer handlichen Breite ab, sodass man sie leicht aufrollen kann. Wer etwas mehr Geduld hat, kann eine Rasenfläche auch ohne Abstechen der Soden in ein Beet umwandeln. Der Rasen wird dabei mit einer Pappe abgedeckt und verschwindet. Dafür wird die Fläche zuerst niedergetreten oder tief gemäht und dann mit Pappe bedeckt. Die Pappe sollte nicht bedruckt sein und keine Klebestreifen oder Metallklammern enthalten. Geeignet ist beispielsweise Wellpappe. Wichtig ist, dass die einzelnen Pappelemente mindestens eine Handbreit überlappen, damit kein Licht an den Boden gelangt. Wen der Anblick stört, kann die Pappe mit Holzhäcksel oder Mulch abdecken. Je nachdem, welche Pflanzen vorher im Boden vorhanden waren, kann es bis zu anderthalb Jahre dauern, bis die Fläche als Gemüsebeet genutzt werden kann. Und in dieser Zeit muss man regelmäßig kontrollieren, ob es nicht doch einige Triebe geschafft haben, sich ins Licht zu strecken. Dann gleich wieder ein Stück Pappe auflegen und mit Mulch bedecken.

Beim Abstechen der Rasensoden hat sich in unserer Parzelle gezeigt, dass der Boden des späteren Gemüsebeetes keineswegs überall gleichmäßig war. An einigen Stellen ging der Spaten problemlos in den Boden, direkt daneben war nach einigen Zentimetern Schluss. Daher haben wir uns ausnahmsweise dazu entschieden, den Boden einmal umzugraben.

Beeteinfassung aus Reisig

Der Boden war so weit erst mal vorbereitet, jetzt sollte der Gemüsegarten noch einen Rahmen bekommen. Die Wahl fiel auf eine kleine Totholzhecke. Viele Nachbarn hatten gerade ihre Obstbäume geschnitten, als wir unser Beet angelegt haben, sodass uns eine Menge an Zweigen und Ästen zur Verfügung stand. Für unsere kleine Totholzhecke haben wir als Erstes den Verlauf der zukünftigen Einfassung mit einer gespannten Schnur markiert. Etwa 30 cm hoch und breit sollte die Einfassung am Ende sein. Dann haben wir alle 40 bis 50 cm auf beiden Seiten entlang der Schnur als Pfosten dickere Äste in den Boden geschlagen und dazwischen kleinere Zweige geschichtet. Mit der Zeit sackt der Heckeninhalt zusammen, sodass man jedes Jahr weiteres Schnittgut in der Beeteinfassung verstauen kann. Und auch die eingeschlagenen Pfosten ergänzen wir immer mal wieder. Je nach Holzart halten die eingeschlagenen Äste zwei bis drei Jahre.

Die Totholzhecke ist ein idealer Rahmen für den Gemüsegarten. Darin tummeln sich Käfer und Spinnen, durch die Verrottung der Zweige entsteht Humus, und Nährstoffe können wieder in den Boden gelangen. Die Einfassung bremst den Wind in Bodennähe ab und die so geschützten Pflanzen verdunsten weniger Wasser. Und wir haben den Eindruck, dass die Aussaaten in der Nähe der Einfassung schneller keimen.

Die fertige Totholzhecke: eine ideale Möglichkeit, um Schnittgut zu nutzen

Die Pflicht – der Nutzgarten

In diesem Kapitel geht es um die kleingärtnerische Nutzung. Also den Bereich unserer Parzelle, auf dem wir Obst, Gemüse und Kräuter anbauen. Und das so nachhaltig und naturnah wie möglich. Zunächst einige Grundlagen im Überblick, bevor die Details beschrieben werden:

- ▷ Robuste Sorten auswählen, sie machen chemischen Pflanzenschutz überflüssig.
- ▷ Den Schwerpunkt auf samenfeste Sorten legen. Sie lassen sich im Gegensatz zu F1-Hybriden sortenecht selbst vermehren.
- ▷ Organische Dünger verwenden, um das Bodenleben zu fördern.
- ▷ Den Boden mulchen, um das Wasser im Boden zu halten, Beikräuter zu unterdrücken und die Bodenlebewesen zu füttern.
- ▷ Wassersparend gießen: seltener, dafür durchdringend. Das Wasser soll direkt an die Wurzeln gelangen. Am besten am frühen Morgen gießen.
- ▷ Den Boden nicht oder nur in Ausnahmefällen umgraben, um das Bodenleben nicht zu zerstören. Oberflächliches Hacken ist erlaubt.
- ▷ Gründüngung und Mulchmaterial einsetzen, um den Boden zu bedecken und ihn mit Biomasse und Nährstoffen anzureichern.
- ▷ Gemüse in Mischkultur anpflanzen, das schont den Boden und die verschiedenen Arten unterstützen sich gegenseitig.

Fruchtbarer Boden für reiche Ernte

Für eine reiche Gemüseernte braucht es einen gesunden Boden. Aber was heißt das überhaupt? Und wie kann man einen Boden nachhaltig, ressourcenschonend und naturnah bewirtschaften?

Das Thema »Boden« ist komplex. Das merkt man schon daran, dass in einem Garten bestimmte Gemüsekulturen wunderbar funktionieren, im Nachbargarten schon nicht mehr. Gerade in Kleingärten wird der Boden häufig etliche Male bearbeitet: umgegraben, aufgeschüttet, gefräst,

◀ Im Gemüsebeet setzen wir auf Mischkultur. Auch optisch ist die Vielfalt ein Gewinn.

gedüngt. Bei der naturnahen und nachhaltigen Bodenpflege achten wir darauf, das Bodenleben möglichst wenig zu stören und gleichzeitig zu fördern. Das bedeutet, dass wir gar nicht oder nur in Ausnahmefällen umgraben oder gar mit der Motorhacke bearbeiten, dass wir den Boden mulchen und Gründüngung einsäen. Auf torfhaltige Pflanzerde wird verzichtet, da der Torfabbau wertvolle Lebensräume zerstört und durch die Entwässerung der Moore CO_2 freigesetzt wird. Wenn wir düngen, verwenden wir organische Dünger, die wir gezielt einsetzen.

Welchen Boden wünschen wir uns?

Kurz gesagt, besteht der Boden aus Luft, Wasser, Gestein, organischem Material und den Bodenlebewesen. Mit ihren Wurzeln sind die Pflanzen im Boden verankert und nehmen so Wasser und Nährstoffe auf. Im Gemüsegarten streben wir einen Boden an, der leicht zu bearbeiten ist, sich im Frühling schnell erwärmt und Wasser speichert. Überschüssiges Wasser sollte aber dennoch abfließen können, damit keine Staunässe entsteht. Wichtig ist zudem, dass der Boden viel organische Substanz enthält. Je mehr Tiere im Boden leben, desto besser wird organisches Material abgebaut.

Bodenleben

Ein guter Boden steckt voller Leben. Bodenorganismen machen zahlenmäßig die Mehrzahl der Lebewesen in Mitteleuropa aus. Neben den bekannten Regenwürmern sorgen unter anderem Käfer, Tausendfüßer, Asseln, Fadenwürmer, Milben, Bakterien und Pilze dafür, dass Pflanzenmaterial abgebaut wird. Je weniger wir den Boden bearbeiten, desto besser können die Bodenorganismen ungestört ihre Aufgaben erfüllen. Das Produkt des Abbaus ist der für unseren Gemüsegarten wichtige Humus. Humusreiche Böden sind in der Lage, Wasser und Nährstoffe zu speichern und für die Pflanzen zur Verfügung zu stellen.

Wie ist der Boden?

Um einen vorhandenen Boden für den Gemüseanbau zu verbessern, gibt es verschiedene Möglichkeiten. Doch bevor wir damit anfangen, müssen wir erst mal den Ist-Zustand des Bodens herausfinden. Im Gemüsegarten interessieren uns vor allem die oberen 30 Zentimeter. In diesem Bereich wurzeln die meisten unserer Gemüsepflanzen. Mit der Fingerprobe bekommt ihr einen groben Eindruck über die Art eures Bodens. Die Übergänge zwischen den Merkmalen sind fließend, geben aber gute Anhaltspunkte. Für die Fingerprobe nehmt ihr eine Handvoll Boden und rollt sie zu einer Wurst oder zu einer Kugel. Wenn sich die Probe nicht formen lässt und die Körnung sichtbar ist, handelt es sich um einen sandigen Boden. Bleibt die Form erhalten, ohne dass der Boden klebt, handelt es sich um eine gute Mischung aus Sand und Lehm, die für Gemüsepflanzen gut geeignet ist. Ist der Boden formbar, hat eine glatte Oberfläche und klebt an den Händen? Das sind Zeichen für einen hohen Lehmanteil. Dieser Boden speichert zwar Wasser und Nährstoffe, ist aber schwer zu bearbeiten und neigt zu stauender Nässe.

Mit Zeigerpflanzen den Boden lesen

Ein Beispiel: eine Parzelle, die schon lange nicht mehr bewirtschaftet wurde. Auf der ganzen Fläche wachsen die verschiedensten Wildpflanzen, von Löwenzahn über Brennnesseln, vielleicht Ampfer oder sogar Schachtelhalm. Bevor wir jetzt in Aktionismus verfallen und alles rausreißen, schauen wir uns genau an, welche Pflanzen wo wachsen. Denn jede Pflanze hat unterschiedliche Ansprüche an den Boden. Und anhand der Pflanzen lässt sich abschätzen, wie die Bodenverhältnisse an diesem Standort sind (siehe Seite 32). Warum hilft uns das? Wenn an einer Stelle anhand der Zeigerpflanzen der Boden besonders nährstoffreich zu sein scheint, wäre das der ideale Platz für Gemüse. Ist der Boden hingegen verdichtet, bedeutet das einen größeren Aufwand, den Boden urbar zu machen. Dann ist es vielleicht besser, diese Stelle anderweitig zu verwenden.

Der pH-Wert

Der pH-Wert im Boden bestimmt, wie gut Pflanzen die im Boden vorhandenen Nährstoffe aufnehmen können. Der pH-Wert wird mit einer Skala von 0 bis 14 angegeben. 0 ist sehr stark sauer, 7 neutral, 14 sehr stark basisch (alkalisch). Das Optimum für die meisten Pflanzen liegt zwischen 5,5 und 7,5, je nach Bodenart. Den pH-Wert eures Bodens könnt ihr beispielsweise mit einem Lackmuspapier und destilliertem Wasser bestimmen. Anhand einer Farbskala könnt ihr dann den pH-Wert ermitteln. Solche Sets findet ihr im Handel von verschiedenen Anbietern.

Brennnessel (links) und Vogelmiere (rechts) deuten auf Stickstoff im Boden hin

Wer sagt uns was über den Boden?

Pflanze	Bedeutung
Brennnessel	nährstoffreich
Hirtentäschel	nährstoffreich
Vogelmiere	nährstoffreich
Margerite	eher nährstoffarm
Sauerklee	eher nähstoffarm, eher sauer (pH-Wert unter 6,5)
Gänseblümchen	eher sauer
Ackersenf	eher alkalisch (pH-Wert über 7,5)
Acker-Stiefmütterchen	eher alkalisch
Wiesen-Storchschnabel	eher alkalisch
Breitwegerich	verdichtet
Kriechender Hahnenfuß	verdichtet
Acker-Schachtelhalm	verdichtet
Ampfer	eher sauer

Eine Bodenprobe ziehen

Der nächste Schritt, um den Bodenverhältnissen auf die Schliche zu kommen, ist eine Bodenprobe. Im Handel findet ihr verschiedene Bodenprobesets, mit denen ihr selbst neben dem pH-Wert die Gehalte von Kalium, Phosphat und Stickstoff bestimmen könnt. Allerdings sind die verwendeten Mittel häufig nicht ganz ungefährlich und anschließend müsst ihr die Proben fachgerecht entsorgen. Wenn euch das zu viel Arbeit ist, könnt ihr euren Boden auch in einem Labor untersuchen lassen. Der Ablauf ist simpel: Eine Tüte Gartenerde entsprechend den Vorgaben einsammeln und verschicken. Mit dem Ergebnis bekommt ihr, je nach Labor, bedarfsgerechte Düngetipps, die auf euren Garten zugeschnitten sind. Eine Bodenprobe kostet je nach Umfang ab 50 Euro aufwärts.

Von der an verschiedenen Stellen ausgehobenen Gartenerde wird jeweils mit einem Löffel eine Probe entnommen

Welcher Nährstoff wofür?

Mit Kompost- und Mulchwirtschaft sowie Gründüngung sind eure Pflanzen normalerweise gut versorgt. Bei Mangelerscheinungen könnt ihr mit organischen Düngern eure Pflanzen unterstützen. Aber welche Nährstoffe brauchen Pflanzen eigentlich wofür?

- Stickstoff (N) benötigt die Pflanze für das Wachstum von Trieben und Blättern. Bei Mangel ist das Wachstum nur spärlich und die Blätter vergilben.
- Phosphor (P) ist wichtig für den Energiehaushalt der Pflanze. Bei Mangel verfärben sich ältere Blätter rot bis violett.
- Kalium (K) ist für zahlreiche Stoffwechselvorgänge notwendig und reguliert den Innendruck der Zellen, ist damit entscheidend für den Wasserhaushalt der Pflanze. Kalium beeinflusst außerdem die Widerstandsfähigkeit der Pflanze.
- Kalzium (Ca) ist ein wichtiger Baustein der Zellwände und erhöht die Festigkeit des Gewebes. Blütenendfäule bei Tomaten oder Zucchini ist ein typisches Anzeichen für Kalziummangel.
- Magnesium (Mg) ist ein wichtiger Baustein für verschiedene Stoffwechselvorgänge in der Pflanze, vor allem für die Fotosynthese. Bei Mangel vergilben die Blätter in der Blattmitte, später auch am Rand. Die Hauptadern bleiben grün.
- Spurenelemente wie Eisen (Fe), Mangan (Mn), Kupfer (Cu) oder Zink (Zn) fördern den Aufbau von Chlorophyll und Eiweiß.

Fehlende Nährstoffe ausgleichen und Humusaufbau fördern

Auch im naturnahen Kleingarten düngen wir unsere Pflanzen, wenn sie Mangelerscheinungen zeigen. Dafür verwenden wir ausschließlich organische Dünger und nutzen Pflanzen zur Gründüngung. Die Düngung ist aber nur ein Baustein für gesundes Gemüse.

Welche organischen Dünger gibt es?

Organische Mehrnährstoffdünger bestehen aus pflanzlichen oder tierischen Materialien. Also beispielsweise Traubenkernschrot, Pferdemist, Vinasse, Schafwollpellets oder Malzkeime, die Zusammensetzungen variieren je nach Anbieter. Solche Mehrnährstoffdünger versorgen die Pflanzen sowohl mit den wichtigsten Hauptnährstoffen als auch mit den nötigen Spurenelementen. Die Nährstoffe werden nach und nach freigesetzt und stehen so den Pflanzen über einen längeren Zeitraum zur Verfügung. Dafür muss der Dünger allerdings in den Boden eingearbeitet werden, denn nur mithilfe der Bodenorganismen werden die Nährstoffe pflanzenverfügbar. Organische Dünger haben gegenüber mineralischen Düngern wie Blaukorn den Vorteil, dass sie zusätzlich das Bodenleben fördern und damit den Humusaufbau. Mineralische Dünger können zudem leichter ausgeschwemmt werden und so das Grundwasser belasten.

Von links nach rechts: Organischer Mehrnährstoffdünger mit pflanzlichen und tierischen Anteilen, Vinasse und Dünger auf Malzbasis

Vorteile der Gründüngung

Mit einer Gründüngung können wir ausgelaugten Boden wieder aufpäppeln. Eine Gründüngung:

- erhält und steigert die Bodenfruchtbarkeit,
- beschattet den Boden, sodass er nicht austrocknet,
- schützt den Boden vor Hitze, Kälte und Frost,
- verhindert, dass Nährstoffe ausgewaschen werden,
- unterdrückt unerwünschte Beikräuter,
- verbessert die Wasserversorgung des Bodens,
- bietet Unterschlupf und Nahrung für Insekten,
- verhindert, dass der Boden bei Regen verschlämmt,
- lockert den Boden tiefgründig,
- kann am Ende untergegraben werden. So reichert sich Humus an.

Geeignete Pflanzen sind zum Beispiel Sommer- oder Winterwicke, Klee, Luzerne oder die Esparsette. Sie gehören zu den Leguminosen und leben in einer Symbiose mit Knöllchenbakterien. Die sind in der Lage, Stickstoff aus der Luft zu binden und diesen für die späteren Pflanzen verfügbar zu machen. Und blühend sind sie eine Insektenweide, sie bieten Nahrung für die Generalisten, genauso wie die Kreuzblütler Raps und Senf. Sie sorgen außerdem für viel Grünmasse.

Kreuzblütler und Leguminosen haben allerdings das Problem, dass sie unsere Fruchtfolge beeinflussen können, da sie mit einigen unserer Gemüsepflanzen verwandt sind. Alternativ können auch Sonnenblumen oder Bienenfreund *(Phacelia tanacetifolia)* zum Einsatz kommen.

Pflanzen zur Gründüngung: Bienenfreund (links) und Winterwicke (rechts)

Nährstoffe im Kreislauf belassen

Zum wichtigsten Stickstoffdünger im naturnahen Kleingarten gehört die Grünmasse der Reste abgeernteter Pflanzen oder Rasenschnitt. Laut der Bayerischen Gartenakademie enthalten 4 kg frische Grünmasse rund 12 g Stickstoff. Bereits zwei Wochen nachdem das Material eingearbeitet wurde, wird der Stickstoff freigesetzt. Wir lassen auch die meisten Erntereste wie Blätter und Stängel als Mulch und Futter für die Bodenorganismen im Beet liegen. So ist der Boden ständig bedeckt, bleibt locker und feucht.

Kompost als Boden-Booster

Im Kleingarten fällt im Jahresverlauf eine ganze Menge Pflanzenmaterial an. Von Ernteresten über Gehölz- und Staudenschnitt bis hin zu gejäteten Wildkräutern. Aber Abfall gibt es in der Natur nicht. Was nicht als Mulch auf den Beeten landet, sollten wir kompostieren. Ganz im Sinne der Kreislaufwirtschaft. Denn Kompost ist im naturnahen Kleingarten ein wertvoller Rohstoff. Er versorgt unsere Pflanzen mit Nährstoffen, füttert die Bodenorganismen, lockert und verbessert den Boden.

Der passende Platz

Asseln, Schnecken, Springschwänze, Regenwürmer, Bakterien, Fadenwürmer, Tausendfüßer sowie Algen, Pilze und Bakterien setzen die pflanzlichen Materialien um und machen die darin enthaltenen Nährstoffe für unsere Pflanzen verfügbar. Dazu brauchen die Organismen Sauerstoff, Wärme und Feuchtigkeit – und einen Weg in den Haufen. Daher sollte der Komposthaufen nach unten hin offen sein. Ein gut aufgesetzter und gemischter Kompost wird nicht stinken, sondern riecht angenehm nach Waldboden. Wir müssen den Haufen daher nicht zwangsläufig im Garten verstecken. Er sollte aber gut mit der Schubkarre zu erreichen sein. Wichtig ist ein luftiger Platz im Halbschatten oder im Schatten. Er sollte nicht den

Gesiebter Kompost lässt sich leicht verarbeiten

ganzen Tag in der vollen Sonne stehen, damit das umzusetzende Material nicht austrocknet. Zu nass und verdichtet darf er aber auch nicht sein, sonst fault das Material und beginnt zu stinken.

Was darf alles auf den Kompost?

Frische und trockene Pflanzenreste, Kaffeesatz, Eierschalen, Fallobst, angetrockneter Rasenschnitt und Laub sind kein Problem. (Ausnahme: Walnuss- und Eichenblätter oder mit der Miniermotte befallene Kastanienblätter. Aber diese Waldbäume kommen in unseren Kleingartenanlagen ja ohnehin nicht vor.) Auch mit Mehltau befallene Blätter sind in kleinen Mengen kein Problem, da die Pilze auf lebendes Pflanzengewebe angewiesen sind. Die Blätter sollten aber gut mit Rasenschnitt oder Erde abgedeckt werden. So können sich die Sporen nicht weiterverbreiten. Ebenfalls unproblematisch sind Blattfleckenkrankheiten, Birnengitterrost oder mit der Kräuselkrankheit befallene Blätter.

Was nicht?

Pflanzen, die mit hartnäckigen Pflanzenkrankheitserregern befallen sind, die nicht durch das Kompostieren absterben, entsorgt ihr besser über den Hausmüll. Zu den Krankheiten gehören beispielsweise Kohlhernie, Fusarium, Verticillium und Sklerotinia. Mit Feuerbrand befallene Äste von Obstgehölzen haben nichts auf dem Kompost zu suchen, da die Krankheit hochansteckend ist.

Gekochte Lebensmittel sind ebenfalls tabu. Ebenso frischer Giersch oder Quecke. Deren Rhizome zersetzen sich in einem Verrottungszyklus nicht. Lasst ihr sie allerdings austrocknen, dürfen auch diese Pflanzen auf den Kompost. Grillkohle gehört in den Hausmüll und nicht auf den Kompost, da man nicht weiß, wie hoch der Anteil an Schwermetallen ist.

Kompost aufsetzen

Damit der Kompost alle seine Eigenschaften ausspielen kann, müssen wir die Materialien gut mischen: trocken und feucht, grob und fein. Grobe Aststücke sorgen für eine lockere Struktur, grüne Zutaten liefern Stickstoff. Die Fläche des späteren Komposts solltet ihr mit der Grabgabel lockern. Unten schichtet ihr eine 20 cm hohe Lage grober Äste, damit überschüssiges Wasser abfließen kann. Dann werden die unterschiedlichen

Materialien gemischt und aufgeschichtet. Generell gilt: je kleiner das zu kompostierende Material, desto schneller können es die Organismen umsetzen. Eine Schaufel reifer Kompost dient als Startschuss. Wenn ihr den aufgesetzten Kompost mit Jute oder unbedruckter Pappe abdeckt, schützt ihr das Innere vor zu viel Nässe und dem Austrocknen. Im Laufe der Zeit wird der Kompost warm und kann zu dampfen beginnen. Dann läuft die Zersetzung auf Hochtouren. Nach einem halben Jahr könnt ihr für eine bessere Belüftung den Haufen umschaufeln und neu aufsetzen.

Kompost einsetzen

Je nachdem, was alles im Haufen gelandet ist, dauert es ein bis zwei Jahre, bis der Kompost fertig ist. Er sollte leicht feucht sein und angenehm nach Waldboden riechen. Mit einem Gitter könnt ihr die groben Teile absieben, die kommen gleich auf den nächsten Haufen. Ob der Kompost reif ist, könnt ihr mit einem Keimtest herausfinden. Dazu füllt ihr eine flache Schale mit eurem Kompost, gießt durchdringend und sät darauf Kressesamen. Diese deckt ihr durchsichtig ab. Nach drei bis vier Tagen sollten die meisten Samen keimen und die Keimblätter kräftig grün sein.

Den Kompost könnt ihr zur Düngung und Bodenverbesserung im März und April in den Beeten verteilen. Die Menge variiert je nach dem geplanten Gemüse (mehr dazu auf Seite 46). Für Starkzehrer wie Kohl, Tomaten, Gurken oder Kürbisse solltet ihr 3 Liter pro Quadratmeter oberflächlich einharken. Bei Mittelzehrern wie Kohlrabi, Fenchel oder Roter Bete liegt der Richtwert bei 2 Litern pro Quadratmeter, bei Schwachzehrern wie Erbsen oder Bohnen genügt 1 Liter pro Quadratmeter.

Der Komposthaufen als Lebensraum

Ein Komposthaufen ist auch ein Baustein für die Artenvielfalt. Im Haufen finden Igel, Blindschleichen, Frösche oder Kröten Nahrung in Form von Würmern, Käfern und anderen Insekten. Dafür muss der Haufen für die Tiere zugänglich sein. Und wenn wir den Haufen umschichten, müssen wir vorsichtig vorgehen, um die Tiere nicht zu verletzen. In der Zeit von Oktober bis März schichten wir nicht um, damit wir die im Kompost überwinternden Tiere nicht stören. Für eine tierschonende Entnahme des Komposts ist es ideal, wenn sich eine Seite des Behälters öffnen lässt, damit wir nicht blind von oben im Kompost herumstochern.

Blindschleichen findet man häufig im Kompost

Durch das Stecksystem kann man den Kompost leicht und tierschonend entnehmen

Pflanzenkohle als Zutat für fruchtbaren Boden

Pflanzenkohle ist im Gegensatz zu Grillkohle ein guter Bodenverbesserer, genauer gesagt ein wertvoller Nährstoffträger. Pflanzenkohle gibt es fertig zu kaufen oder sie lässt sich in einem sogenannten »Kon-Tiki« selbst herstellen. Dabei wird Biomasse unter fast vollständigem Ausschluss von Sauerstoff erhitzt. Die Biomasse wird dabei nicht zu Asche verbrannt, sondern sie verkohlt. Ein Kon-Tiki-Kessel ist oben offen, unten und seitlich geschlossen. Je kohlenstoffhaltiger das Material ist, desto mehr Pflanzenkohle erhält man. Stammholz und Äste bringen mehr als beispielsweise Staudenschnitt oder Stroh. Im Kessel herrschen bis zu 700 °C, technische Pyrolyseverfahren nutzen eine Temperatur von bis zu 800 °C. Durch den Aufbau des Kessels strömt während des Brennvorgangs immer weniger Sauerstoff in die unteren Schichten. Nach dem Löschen des Feuers bleibt Pflanzenkohle übrig. Das Ablöschen macht die Kohle porös, es bilden sich zahlreiche Hohlräume mit einer riesigen Oberfläche. Bei einem Stück Kohle können das mehrere hundert Quadratmeter sein.

Damit uns Pflanzenkohle im Garten hilft, muss sie erst mal mit Nährstoffen »aufgeladen« werden. Etwa, indem wir beim Aufsetzen des Komposts die einzelnen Schichten mit Pflanzenkohle bestäuben. Verteilen wir nur Pflanzenkohle im Beet, entzieht sie dem Boden Nährstoffe. Beim »Aufladen« werden die Nährstoffe unauswaschbar in die Kohle eingelagert. Die Pflanzenwurzeln können sie allerdings erreichen.

Naturnaher Kleingarten von Bernd Weichmann, KGA Weiße Rose e. V. in Rostock

»Naturnahes Gärtnern ist eigentlich nicht schwer.«

Seit 2015 ist Bernd Weichmann erster Vorsitzender des Kleingartenvereins Weiße Rose in Rostock. Von Anfang an war ihm wichtig, dass Tiere in seinem Garten einen Rückzugsort finden: Artenvielfalt direkt vor der Wohnungstür, mitten in der Stadt. Bernd war auch der Erste in der Anlage, der seinen Garten hat zertifizieren lassen. Die Plakette »Natur im Garten Mecklenburg-Vorpommern« hängt an seiner Tür. Für die Plakette wurde er anfangs noch belächelt nach dem Motto: »Wer naturnah gärtnert, ist nur zu faul zum Gärtnern.« Doch die Plakette hat auch Interesse geweckt und Bernd hat versucht, möglichst viele Leute mitzuziehen. Mit Erfolg. Mittlerweile sind 15 der 68 Kleingärten zertifiziert und es werden hoffentlich bald noch mehr. »Wir haben Leute, die seit 50 Jahren den Garten bewirtschaften und jetzt ganz stolz ihre Plakette zeigen. Die haben vorher schon viel richtig gemacht und das war für sie eine tolle Bestätigung.« Wichtig ist Bernd, die Menschen im Verein für die Vorteile des naturnahen Gärtnerns zu begeistern. »Mich hat einfach gestört, dass die Leute schubkarrenweise ihren Grünschnitt und ihr Totholz in den Container geworfen haben. Wir wollen den Leuten mit-

geben: Das ist kein Abfall, sondern alles wertvolles Material. Für die Totholzhecke oder den eigenen Kompost.«

Kompost ist das Stichwort, denn der Boden in der Kleingartenanlage ist ausgesprochen sandig, der Anbau von Gemüse eine Herausforderung. Daher wurde im vereinseigenen Gemeinschaftsgarten in Zusammenarbeit mit dem Verband der Gartenfreunde Rostock Pflanzenkohle-Erde nach dem Terra-Preta-Prinzip hergestellt. Die soll in Zukunft dafür sorgen, dass die Böden mehr Wasser und Nährstoffe halten. Für Bernd ist es wichtig, in Sachen naturnahes Gärtnern positiv und verständnisvoll auf die Vereinsmitglieder zuzugehen. »Man muss auch akzeptieren, dass jeder ein anderes Interesse hat, seinen Garten zu gestalten.« Deshalb sind auch kleine Schritte wichtig. In einigen Gärten sieht man heute statt grünem Einheitsrasen vereinzelt Wildblumenstreifen. »Das war früher noch undenkbar«, sagt Bernd.

Auf dem Gelände liegt ein öffentlich zugänglicher naturnaher Gemeinschaftsgarten, in dem ein Sinnesgarten angelegt wurde und verschiedene Workshops zum Thema Garten und Gartenpädagogik stattfinden. Beim Bundeswettbewerb »Gärten im Städtebau« ist die KGA Weiße Rose mit Silber ausgezeichnet worden. Außerdem wurde die Anlage als Projekt der UN-Dekade Biologische Vielfalt ausgezeichnet.

Gemüse im Kleingarten

Fruchtbarer und humusreicher Boden ist die beste Voraussetzung, um im Kleingarten Gemüse anzubauen. Mit der passenden Gestaltung und der richtigen Gemüseauswahl könnt ihr nun für eine reiche Ernte sorgen und dazu noch die Artenvielfalt unterstützen.

Gemüse aussuchen und in Mischkultur pflanzen

Welches Gemüse mögt ihr besonders gern? Das hört sich zwar banal an, aber es nützt ja nichts, wenn bei euch Gemüse wächst, das niemand isst. Wenn ihr eure Gemüsearten festgelegt habt, geht's an die Beetplanung. Dafür ist der Winter eine gute Zeit, wenn im Kleingarten eh nicht so viel passiert. Eure gärtnerische Nutzfläche sollte keine Monokultur sein und beispielsweise nur aus Kartoffeln bestehen. Die Mischung der Kulturen ist wichtig.

Wenn ihr geschickt plant, könnt ihr viele Monate euer eigenes Gemüse ernten. Im März geht es los mit der Aussaat von Möhren, Radieschen, Rettich, Schnittsalat oder Spinat. Im April stehen Markerbsen, Rote Bete und Mangold auf dem Programm. Wenn noch Fröste drohen, könnt ihr eure Kulturen mit einem Vlies schützen. Im März solltet ihr euch schon Gedanken machen, wo frostempfindliche Gemüse wie Gurken, Tomaten oder Paprika wachsen sollen. Diese Beete bestückt ihr im März beispielsweise mit Radieschen und Schnittsalat, die die Beete im Mai, wenn die

Feldsalat ist ein gesundes Blattgemüse für den Winter

Tomaten kommen, wieder verlassen. Im Juni und Juli kommen die Herbstkulturen ins Beet. Endivien, Chinakohl oder Pak Choi könnt ihr dann im September und Oktober ernten. Im September stehen die letzten Gurken zur Ernte, bis Oktober die Tomaten. In die Lücken könnt ihr dann noch verschiedene Schnittsalate oder Radieschen setzen. Wenn ihr zusätzlich Feldsalat pflanzt, könnt ihr an frostfreien Tagen sogar den ganzen Winter hindurch ernten. Außerdem ist der Boden bedeckt, bleibt feucht und Beikräuter haben weniger Chancen. Ihr müsst euer Gemüse nicht zwingend »sortenrein« in die Beete setzen. Wenn ihr auf Mischkultur setzt und zwischen das Gemüse passende Blumen pflanzt, wachsen die Pflanzen gesünder.

Vorteile der Mischkultur

Eine wesentliche Grundlage für den naturnahen Anbau ist im Gemüsegarten die Mischkultur. Das bedeutet, wir setzen Pflanzen nebeneinander, die sich gegenseitig positiv beeinflussen. In Büchern und im Internet findet ihr zahlreiche Mischkulturtabellen. Probiert es einfach mal aus und

beobachtet genau, wie sich die Pflanzen bei euch verhalten. Bei der Mischkultur werden dem Boden nicht einseitig Nährstoffe entzogen, sodass irgendwann ein Mangel entsteht. Außerdem schützen sich die Pflanzen gegenseitig. Beispiel Porree und Möhre: Der Duft des Porrees verwirrt die Möhrenfliege, im Gegenzug verwirren die Möhren die Zwiebelmotte. Die ungebetenen Gäste finden ihren Weg zum Ziel nicht. Auch zwischen Blumen oder Kräutern und Gemüsearten gibt es vorteilhafte Partnerschaften. Wachsen Studentenblumen *(Tagetes)* zwischen den Gemüsepflanzen, hindern diese Fadenwürmer daran, sich ungebremst auszubreiten. Die Kapuzinerkresse *(Tropaeolum)* ist nicht nur dekorativ und essbar, sondern auch im Gemüsegarten nützlich. Wenn ihr sie zwischen das Gemüse oder auf Baumscheiben pflanzt, sammeln sich schnell Blattläuse an ihr, die dann wiederum andere Pflanzen in Ruhe lassen.

Wie die positiven Aspekte der Mischkultur zusammenhängen, ist noch nicht abschließend erforscht, aber die Erfahrung zeigt, dass es gut funktioniert. Wenn wir zudem das ganze Jahr über verschiedene Gemüse anbauen, ist der Boden durchgehend beschattet und geschützt.

Das Milpa-Beet

Eine Variante der Mischkultur, mit der wir in unserem Kleingarten gute Erfahrungen gemacht haben, ist das Milpa-Beet, auch die »Drei Schwestern« genannt. Eine Mischkultur auf kleinem Raum mit Mais, kletternden Bohnen und Kürbis. Auch hier profitieren die Pflanzen voneinander. Der hochwachsende Mais ist Rankhilfe für die Bohnen, der flächig wachsende Kürbis bedeckt den Boden, sodass er feucht bleibt und sich weniger Beikräuter ausbreiten können. Die Bohne wiederum bindet Stickstoff aus der Luft.

In unserem Fall haben wir Zuckermais 'Golden Bantam', die Feuerbohne 'Bonela', den Butternut-Kürbis 'Waltham' und den Hokkaido-Kürbis 'Red Kuri' kombiniert. Mais und Kürbis haben wir im Haus vorgezogen und Mitte April bzw. Mitte Mai ins Beet

Im Milpa-Beet kombinieren wir Mais, Bohnen und Kürbis

gesetzt. Als der Mais etwa 50 cm hoch war, haben wir pro Pflanze sechs Bohnensamen drum herum gesät. Während des Sommers mussten wir lediglich Beikräuter im Auge behalten und in Trockenphasen wässern. Da wir den Boden im Frühjahr mit reifem Pferdemist verbessert hatten, sind die Pflanzen rasch gewachsen. Ab dem Spätsommer gab's dann einen regelrechten Milpa-Dschungel samt reicher Ernte.

Fruchtwechsel planen

Wenn wir jedes Jahr das gleiche Gemüse auf derselben Fläche anbauen würden, werden irgendwann die Erträge weniger und bestimmte bodenbürtige Krankheiten (wie die Kohlhernie) werden immer wieder auftauchen, da sie lange im Boden überdauern. Daher wechseln wir die Flächen so durch, dass Gewächse aus derselben Pflanzenfamilie frühestens vier, eventuell sogar sechs Jahre später wieder auf derselben Fläche stehen. Das bedeutet, wenn ihr beispielsweise in diesem Jahr in einem Beet Brokkoli angebaut habt, dürft ihr dort in den kommenden drei Jahren keinen Brokkoli, Blumenkohl, Rosenkohl oder Kohlrabi pflanzen. Je vielseitiger ihr diesen Fruchtwechsel gestaltet, desto gesünder wird euer Boden und desto mehr könnt ihr ernten. Um einen solchen Plan aufzustellen, solltet ihr eure ausgesuchten Gemüsearten nach ihren Pflanzenfamilien in Gruppen einteilen (siehe Seite 46).

Wer gehört wozu?

Nachtschattengewächse (Solanaceae): Tomate, Paprika, Chili, Aubergine, Kartoffel

Kreuzblütler (Brassicaceae): alle Kohlgemüse, Rettich, Radieschen, Asia-Salat, Kresse, Rucola, Gründungungspflanzen wie Senf oder Raps

Doldenblütler (Apiaceae): Möhre, Sellerie, Dill, Koriander, Fenchel, Petersilie

Hülsenfrüchtler (Fabaceae): Erbsen, Bohnen, Zuckererbsen, Linsen, Gründüngungspflanzen wie Klee oder Winter-Wicke

Kürbisgewächse (Cucurbitaceae): Kürbis, Gurke, Zucchini, Melone

Lippenblütler (Lamiaceae): Basilikum, Minze, Salbei, Rosmarin, Oregano, Lavendel

Liliengewächse (Liliaceae): Zwiebel, Frühlingszwiebel, Porree, Schnittlauch, Knoblauch

Korbblütler (Asteraceae): Kopfsalat, Zichorie, Endivie, Schwarzwurzel

Fuchsschwanzgewächse (Amaranthaceae): Spinat, Rote Bete, Mangold

Baldriangewächse (Valerianoideae): Feldsalat, Baldrian

Knöterichgewächse (Polygonaceae): Rhabarber, Sauerampfer, Buchweizen

Rosengewächse (Rosaceae): Erdbeere, Apfel, Birne, Brombeere, Kirsche, Himbeere

Einen weiteren Einfluss auf die Reihenfolge der Kulturen hat der Nährstoffbedarf der Pflanzen. Wir unterscheiden dabei Stark-, Mittel- und Schwachzehrer. Wobei die Übergänge fließend sein können.

Zu den Starkzehrern gehören beispielsweise Tomaten, Gurken, Kartoffeln, Paprika, Kohl und Kürbisse. Mittelzehrer sind Mangold, Rote Bete, Salate, Spinat, Zwiebeln und Möhren. Den geringsten Nährstoffbedarf dieser Einteilung haben Feldsalat, Radieschen oder Rucola.

Erbsen und Bohnen gehören auch zu den Schwachzehrern und geben sogar etwas zurück. Sie sind mithilfe von Knöllchenbakterien in der Lage, Stickstoff aus der Luft zu sammeln und an den Boden abzugeben.

Fruchtfolge beachten

Als Fruchtfolge bezeichnet man den Anbau unterschiedlicher Pflanzenarten auf ein und derselben Fläche innerhalb eines Gartenjahres. Denn abgesehen von zweijährigen Pflanzen wie Chicorée oder Dauerkulturen wie Erdbeeren und Rhabarber belegt kaum ein Gemüse eine Fläche das ganze Jahr über. In unseren Breiten können wir in der Regel drei Kulturen pro Jahr anbauen. Das Frühjahr startet mit einer Vorkultur (z. B. Spinat), ist diese abgeerntet, folgt die Hauptkultur (z. B. Tomaten) und anschließend noch eine Nachkultur (z. B. Feldsalat oder Winterportulak).

Zum Beispiel: Tomaten

Unsere Tomatensaison beginnt ab Mitte März mit der Aussaat im Haus. Viel früher solltet ihr mit der Aussaat nicht beginnen, da die Pflanzen erst im Mai ins Freiland kommen und bis dahin lange und weiche Triebe bilden. Der Grund ist, dass es so früh im Jahr noch zu wenig Licht für die sonnenhungrigen Tomaten gibt. Die folgenden drei Tomatensorten haben bei uns im Garten wunderbar funktioniert. Sie brauchen kein Dach gegen den Regen und sind pflegeleicht. Sprich: Sie wachsen ohne viel Aufmerksamkeit vor sich hin und fruchten.

- 'Primabella': rote Cherry-Tomate, Erntezeit von Juni bis Oktober, Fruchtgewicht 25 bis 30 g, gut lagerfähig, reift gut nach, bringt auch ohne regelmäßige Düngung gute Erträge, hohe Toleranz gegen Krautfäule.
- 'Golden Currant': gelbe Johannisbeer-Tomate, schmeckt mild und leicht süß-säuerlich, wüchsig, bis zu 1 m hoch und breit, Fruchtgewicht etwa 6 g, kein Ausgeizen nötig, braucht eine Stütze, geringe Ansprüche an Dünger und Boden.
- 'Slivowidnij': gelbe Naschtomate, Fruchtgewicht bis 10 g, Ernte ab Juli bis in den Herbst hinein, rispenweise nachreifen lassen.

So wachsen die Tomaten bei uns

Ausgesät haben wir die Samen bei Zimmertemperatur in nährstoffarmes Substrat, das gleichmäßig feucht gehalten wurde. Nach fünf bis sechs Tagen sind die ersten Pflanzen gekeimt. Drei Wochen nach der Aussaat haben wir die Pflanzen in größere Töpfe pikiert und dabei nur die kräftigsten Exemplare ausgewählt. Zusätzlich haben wir die Wurzeln eingekürzt und die Pflanzen bis zum Ansatz der Keimblätter in den neuen Topf gesetzt.

Die Tomatensorten 'Golden Currant' (links), 'Primabella' und 'Slivowidnij' (rechts) haben sich bei uns bewährt

So werden die Tomaten später standfester. Einige Tage, bevor es für die Tomaten in den Garten geht, härten wir sie ab. Dafür kommen sie tagsüber an einen halbschattigen und gut belüfteten Platz ins Freie. Ab Mitte Mai, wenn keine Fröste mehr zu erwarten sind, kommen die Tomaten in den Garten. Den Boden haben wir vorher tiefgründig gelockert und die Wurzelballen der Tomaten mit Schafwolle eingewickelt. Diese soll als Wasserspeicher und Nährstofflieferant von Stickstoff, Phosphor, Kalium und Schwefel dienen. Die Tomaten kommen so tief wie möglich in die Erde, etwa bis zum ersten Blattpaar. Am eingegrabenen Stängel bilden die Pflanzen neue Wurzeln.

Gartentagebuch führen – Gemüse im Jahresverlauf

Ein Gartentagebuch wird euch helfen, über die Jahre nicht den Überblick zu verlieren. In dem Buch notiert ihr, welches Gemüse auf welcher Fläche wächst. Die Kulturen bleiben über die Jahre dieselben, nur die Fläche, auf der sie stehen, rotiert. Idealerweise gehen Stark-, Mittel- und Schwachzehrer reihum, anschließend gibt's Gründüngung. Die Planung ist vielleicht etwas knifflig, aber eine schöne Aufgabe für den Winter. Außerdem könnt ihr mit einem Gartentagebuch im Laufe der Jahre immer mehr Erfahrungen sammeln, was etwa die Sortenwahl oder den Zeitpunkt der Aussaat betrifft. Auch das hat mit Nachhaltigkeit zu tun. Denn je mehr ihr über die Gemüsepflanzen wisst, desto höher ist die Chance, dass sie auch gut wachsen und ihr keine Ausfälle im Garten habt.

Drei Wochen nach der Aussaat werden die Pflänzchen pikiert (oben links). Vor dem Einpflanzen bekommen die Wurzelballen eine Schafwollhülle (oben Mitte). Ein Schneckenring schützt die Jungpflanzen vor gefräßigen Schleimern. Auf kleiner Fläche freuen wir uns so über reiche Ernte (unten).

Damit Schnecken die Tomaten nicht erreichen können, wachsen sie in einem Schneckenring. Die gibt es aus Metall oder Kunststoff und sie sind mit einem Knick versehen, den die Schnecken nicht überwinden können. Anschließend gibt es als Mulch noch eine Schicht Schafwolle und dann gießen wir alles gut an. Der Schneckenring sorgt dabei dafür, dass das Wasser zielgerichtet an die Wurzeln gelangt. Zum Schluss gibt's noch eine Rankhilfe oder ein kleines Gerüst aus Ästen, damit die Pflanzen samt ihren Früchten im Sommer nicht umfallen.

Während des Sommers haben wir die Tomaten in Trockenphasen regelmäßig gegossen und zwischendurch gab es zweimal Hornspäne pro Pflanze als Stickstoffdünger. Brennnesseljauche eignet sich als

Stickstofflieferant genauso. Viel mehr haben wir nicht gemacht und wir konnten das ganze Jahr über reichlich Tomaten ernten. Erst Mitte Oktober ist es so kalt geworden, dass sich die Pflanzen verabschiedet haben. Gerade an der 'Primabella' konnten wir vorher noch etliche grüne Früchte ernten, die wir in der Wohnung in einer Papiertüte mit einem Apfel haben nachreifen lassen.

Samenfeste Sorten und F1-Hybride

Wenn ihr im Kleingarten euer eigenes Gemüse vermehrt, könnt ihr nicht nur Geld sparen, sondern gezielt die Sorten weitervermehren, die sich in der eigenen Parzelle bewährt haben. Und sie beispielsweise auch mit den Nachbarn tauschen. Wichtig ist dabei, dass ihr samenfeste Sorten verwendet. Samenfeste Gemüsesorten liefern auch im kommenden Jahr Früchte, die dieselben Eigenschaften der Mutterpflanze besitzen, also genauso aussehen und schmecken. Ganz im Gegensatz zu F1-Hybriden. Aber was bedeutet das eigentlich?

Auf vielen Saatguttüten findet ihr hinter dem Sortennamen oft die Bezeichnung »F1«. Als »F1« (Filial1 – Tochtergeneration) bezeichnet man die erste Generation, die aus einer gezielten Kreuzung zweier verschiedener Pflanzen derselben Art entsteht. Bei dieser Hybridzucht möchte man die Eigenschaften der zwei Pflanzen kombinieren. Die eine Pflanze entwickelt beispielsweise große Früchte und die andere bildet Früchte mit einem speziellen Geschmack. Für die Kreuzung müssen die Züchter nun sicherstellen, dass jede Elternpflanze reinerbig ist und ein Minimum an genetischer Variation zeigt. Das funktioniert in der Regel über Selbstbefruchtung und über mehrere Generationen hinweg. Daher handelt es sich um Inzuchtpflanzen. Diese zwei »Reinzuchtlinien« werden dann gegenseitig bestäubt. Die Bestäubung muss kontrolliert erfolgen, damit sich keine unerwünschten Kreuzungen ergeben. Die Nachkommen werden dann auf die gewünschten Eigenschaften hin aussortiert, auch Auslese genannt. Wenn alles geklappt hat, vereint diese Generation die besten Eigenschaften beider Eltern. Das Problem dabei: Diese Pflanzen könnt ihr im Garten nicht selbst weitervermehren. Sie keimen zwar, haben aber in der zweiten Generation nicht mehr dieselben Eigenschaften der ersten Generation. Ein Überraschungspaket! Das bedeutet, ihr müsstet die Samen der entsprechenden Sorte jedes Jahr aufs Neue kaufen.

Tomaten vermehren

Um das Gartenjahr komplett zu machen, haben wir als Experiment unsere 'Primabella' selbst vermehrt. Dafür wird eine reife und sortentypische Frucht aufgeschnitten und das Innere in ein Glas gequetscht und mit Wasser aufgefüllt. Bei dieser »Nassreinigung« genannten Variante bleibt das Glas drei Tage stehen, sodass sich die gallertartige Schicht um die Samen löst. Dann haben wir die Samen auf einen Kaffeefilter gegeben und trocknen lassen. Die Samen wurden gleich mit etwas Abstand verteilt. So brauchten wir nur das Filterpapier samt Samen in eine Schale geben und mit Erde bedecken. Es hat funktioniert, alle Samen sind gekeimt.

Saatgut lagern

Damit ihr in den kommenden Jahren euer eigenes Saatgut aussäen könnt, muss es richtig gelagert werden. Je heller, wärmer und feuchter es ist, desto schneller erwachen die Samen aus ihrer Ruhe und keimen. In einer warmen und feuchten Umgebung breiten sich zudem schneller Bakterien und Pilzkrankheiten aus, die den Samen schaden. Das Saatgut muss also absolut trocken sein. So behält es länger seine Keimkraft. In dichten Gefäßen wie ausgemusterten Marmeladengläsern ist das Saatgut vor zu viel Luftkontakt und vor Schädlingen geschützt. Beschriften mit Name und Erntejahr nicht vergessen. Der eigentliche Lagerplatz muss dunkel, kühl und trocken sein. Optimal sind Temperaturen zwischen 4 °C und 10 °C, bei möglichst wenigen, kurzfristigen Temperaturschwankungen. Die Luftfeuchte am Lagerplatz sollte bei 30 bis 35 Prozent liegen.

Die Keimprobe

Falls ihr noch Saatgut aus den letzten Jahren habt und nicht sicher seid, ob es noch keimfähig ist, könnt ihr die Keimprobe machen. Dafür legt ihr 20 Samen der gewünschten Pflanze auf ein Küchenpapier, befeuchtet es und legt es in eine Schale. Anschließend spannt ihr Klarsichtfolie oder Ähnliches darüber. Dann haltet ihr alles gut feucht. Keimen weniger als die Hälfte der Samen, ist die Keimfähigkeit gering und ihr müsst mit Lücken in den Beeten rechnen.

Regenwasser sammeln ist wichtig. Die Tonne bekommt noch ein Netz, damit keine Tiere hineinfallen.

Wasser sparen im Kleingarten

Wasser ist ein grundlegendes Element für das Pflanzenwachstum. Die Pflanzen brauchen Wasser, um den Druck der Zellen zu regulieren, und das Wasser ist der Träger der Nährstoffe, die die Pflanzen über die Wurzeln aus dem Boden aufnehmen. Je humusreicher ein Boden ist, desto besser ist seine Fähigkeit, Wasser zu halten. Das Thema »Wasser sparen« zieht sich durch viele Bereiche im Garten und beginnt bereits bei der Planung und geht weiter bei der Art und Weise, wie ihr eure Beete bewirtschaftet. Dazu gehört die passende Pflanzenauswahl oder auch das Mulchen, damit das Wasser im Boden gehalten wird. Denn der Boden ist unser wichtigster Wasserspeicher.

Regenwasser sammeln

Regenwasser ist kostenlos und ideal zum Gießen geeignet. Daher solltet ihr mehrere Regentonnen aufstellen, um das kostbare Wasser zu sammeln. Achtet aber darauf, dass die Tonnen durch einen Deckel oder ein Netz abgedeckt sind, damit keine Tiere hineinfallen können. Damit ihr das Wasser einfacher entnehmen könnt, wählt eine Tonne mit einem Auslaufhahn und stellt die Tonne etwas höher, damit eine Gießkanne darunter passt.

Gießen – aber richtig

Richtig gießen? Das kann doch nicht so schwer sein. Wasser in den Boden und fertig, was kann man da schon falsch machen? So einiges. Denn mit der falschen Methode verschwendet ihr Wasser, weil es gar nicht bei den Pflanzen ankommt.

Wann müsst ihr gießen?

Hängen die Blätter der Gemüsepflanzen schlapp herunter und ist der Boden in den oberen 10 cm trocken, ist es höchste Zeit zum Gießen.

Seltener, dafür durchdringend gießen

Wenn ihr eure Pflanzen jeden Tag ein bisschen gießt, tut ihr euch keinen Gefallen. Denn so bilden die Pflanzen ihr Wurzelwerk nahe der Oberfläche aus und sind damit anfälliger bei Trockenheit. Die Pflanzen sollen ihre Wurzeln möglichst tief in den Boden schieben. Die Lösung: alle drei bis fünf Tage gießen, dann aber richtig. Bedeutet, das Wasser mindestens in 10 bis 15 cm Tiefe zu bringen, das sind 10 bis 15 Liter pro Quadratmeter. Wenn ihr mit dem Schlauch wässert und ihr nicht sicher bei der Durchflussmenge seid, füllt einen 10-Liter-Eimer und zählt dabei die Sekunden. So bekommt ihr ein Gefühl für die Wassermenge, die den Schlauch verlässt. Damit die Pflanzen nun möglichst tiefe Wurzeln ausbilden, gießt nicht flächig, sondern direkt am Wurzelballen. Das geht einfacher, wenn ihr um die Pflanzen einen kleinen Gießrand anhäufelt, damit das Wasser direkt an den Wurzeln landet. Da feuchte Erde Wasser besser aufnehmen kann, gießt am besten in zwei Durchgängen im Abstand von 20 bis 30 Minuten. Das gezielte Gießen spart Wasser und macht es im Gegensatz zum flächigen Wässern den Schnecken schwerer, eure Gemüsepflanzen zu erreichen.

Wann gießen?

Das Gießen am frühen Morgen hat den Vorteil, dass der Boden in der Regel noch feucht ist von der Nacht. So kann Wasser besser in den Boden einsickern und den Pflanzen steht ausreichend Feuchtigkeit für den Tag zur Verfügung. Beim Gießen während der Mittagshitze verdunstet zu viel Wasser und das abendliche Wässern lockt Nacktschnecken an.

Hacken gegen Trockenheit

Bei trockenen und verkrusteten Böden steigt durch die Kapillarwirkung Wasser im Boden nach oben und kann so an die Luft verloren gehen. Das könnt ihr im Gemüsegarten verhindern, indem ihr den Boden oberflächlich hackt. Lockert dafür die oberen Zentimeter, sodass eine krümelige Oberfläche entsteht. Die wirkt wie eine Art Barriere für das aufsteigende Wasser. Tiefer als 2 cm solltet ihr aber nicht hacken, damit das Bodengefüge nicht zu sehr gestört wird oder Pflanzenwurzeln verletzt werden.

Mulchen hilft

Mulchen ist für uns das Nonplusultra im naturnah bewirtschafteten Kleingarten. Vor allem mit organischem Mulch, also Pflanzenteilen, Blättern oder Holzhäcksel, erleichtern wir uns die Arbeit im Gemüsegarten, nicht nur in Bezug aufs Gießen. Organischer Mulch:

- ▷ hemmt die Verdunstung,
- ▷ hält sandige Böden feucht,
- ▷ lockert schwere Böden, da Regenwürmer gefördert werden,
- ▷ ist Futter für die Bodenorganismen,
- ▷ sorgt für Humusbildung und setzt Nährstoffe frei,
- ▷ schützt den Boden vor dem Austrocknen durch Wind,
- ▷ verhindert, dass der Boden bei Niederschlägen weggespült wird,
- ▷ sorgt dafür, dass die Bodenoberfläche bei Regen nicht verschlämmt und verkrustet,
- ▷ unterdrückt unerwünschte Pflanzen,
- ▷ hält den Boden locker,
- ▷ verhindert, dass sich der Boden im Sommer zu stark aufheizt,
- ▷ verhindert, dass der Boden im Winter zu sehr auskühlt,
- ▷ spart uns den Weg zum Wertstoffhof! Denn, mit einigen Ausnahmen, können wir mit fast allen Materialien mulchen, die im Garten anfallen.

Vorher jäten

Unabhängig, womit ihr eure Beete mulcht, solltet ihr vorher alle unerwünschten Pflanzen samt Wurzeln entfernen. Das ist vor allem wichtig bei Giersch, Quecke, Ampfer, Ackerwinde oder Löwenzahn. Denn wenn die einmal durch die Mulchschicht gewachsen sind, wird das Jäten zu einer langwierigen Aufgabe.

Womit mulchen?

Beim Mulchen eurer Gemüsebeete kommt es auf das richtige Material an. Denn auch wenn wir gesagt haben, dass organischer Mulch den Nährstoffgehalt des Bodens erhöht, kann das bei einigen Materialien anfangs das Gegenteil bewirken. Das ist vor allem beim Mulchen mit holzigen Materialien wie Holzhäcksel oder Stroh der Fall. Die werden von den Bakterien nur langsam zersetzt und bei diesem Prozess wird dem Boden Stickstoff entzogen. Und dieser Stickstoff fehlt dann dem Gemüse. Dieser Stickstoffentzug passiert bei Mulchmaterialien mit einem weiten C/N-Verhältnis, also dem Verhältnis von Kohlenstoffgehalt (C) zu Stickstoffgehalt (N). Beispielsweise bei Stroh oder Holzhäcksel (ca. 100:1).

Bei Materialien mit einem engen C/N-Verhältnis, wie etwa Rasenschnitt (10:1 bis 30:1) oder Beinwellblättern (10:1), wird der Stickstoff schnell freigesetzt, manchmal schneller, als die Pflanzen ihn aufnehmen können. Er wird ausgewaschen und ist für die Pflanzen nicht mehr verfügbar. Ein passendes C/N-Verhältnis für den Gemüsegarten bewegt sich zwischen 15:1 und 35:1.

Ihr müsst daraus aber keine Wissenschaft machen. Wir mischen holzige und grüne Pflanzenmaterialien miteinander, etwa Rasenschnitt und Holzhäcksel, und haben damit gute Erfahrungen gemacht. Probiert einfach mal verschiedene Mischungen aus. Bei der Gemüseernte machen wir es uns leicht, Erntereste bleiben einfach auf dem Beet liegen.

Lockt Mulch Schnecken an?

Die Frage wird uns immer wieder gestellt. Ja, wir haben eine Menge (Nackt-)Schnecken in unserem Gemüsegarten. Und für die ist eine Mulchschicht natürlich ein ideales Versteck. Wir haben uns aber mit ihnen arrangiert und können sie mit einem Maßnahmenmix aus Absammeln und Schneckenringen einigermaßen vom Gemüse fernhalten. Und die Schnecken verstecken sich übrigens nicht nur im Mulch. Je frischer das Material, desto eher fressen sie den Mulch anstelle unseres Gemüses.

Holzhäcksel auf den Wegen (links), Laub (Mitte) und Rasenschnitt (rechts) in den Gemüsebeeten

Geeignete Mulchmaterialien

- **Rasenschnitt:** Fällt in Kleingärten während der Saison regelmäßig an und ist Stickstofflieferant und Regenwurmfutter. Frischen Rasenschnitt nur dünn auftragen, damit er nicht verklebt und fault. Für höhere Schichten lieber vorher anwelken lassen. Eignet sich auch als Mulch bei Beerensträuchern und Obstbäumen.
- **Laub:** In unseren Kleingärten meist gut verfügbar, da in der Regel in jeder Parzelle mindestens ein Obstbaum wächst. Dieses Laub eignet sich wunderbar zum Mulchen. Das Laub könnt ihr außerdem in einer Miete kompostieren. Etwas reifen Kompost als Startschuss hinzugeben und nach ein bis zwei Jahren ist ein idealer Kompost entstanden, der mit seiner Düngewirkung beispielsweise für mittelzehrende Gemüse wie Karotten oder Zwiebeln geeignet ist. Eignet sich auch als Mulch bei Beerensträuchern und Obstbäumen.
- **Beinwell und Brennnessel:** Ihr könnt diese »Mulchpflanzen« extra anbauen oder an einer Stelle wild wachsen lassen. Beinwell und Brennnessel enthalten viele Nährstoffe, Beinwell zum Beispiel viel Kalium. Beide Pflanzen könnt ihr mehrmals im Jahr schneiden und entweder mit den klein gehackten Pflanzenteilen mulchen oder ganze Blätter auflegen. Beinwell und Brennnessel sind ein idealer Mulch für wärmeliebende Gemüse wie Tomaten oder Gurken. Da beide schnell verrotten, darf die Schicht ruhig 10 cm hoch sein.
- **Löwenzahn und Co.:** Wenn wir an irgendeiner Stelle Löwenzahn oder Giersch jäten, verwenden wir die Blätter gleich als Mulch. Und zwar

nur die Blätter, keine Blütenstände, Wurzeln oder Rhizomstücke. Die Blätter sind ein ideales Regenwurmfutter.

- **Holzhäcksel:** Gehäckselten Gehölzschnitt aus unserer Anlage verwenden wir hauptsächlich für unsere Wege im Gemüsebeet. Gemischt mit Rasenschnitt, ergibt sich aber auch ein idealer Mulch, den wir bis zu 10 cm hoch auf unsere Beete auftragen.
- **Rindenmulch:** Müsst ihr in der Regel zukaufen. Rindenmulch hat ebenfalls ein weites C/N-Verhältnis und eignet sich gut als Wegebelag. Rinde von Nadelbäumen kann den pH-Wert des Bodens senken. Damit könnt ihr beispielsweise Heidelbeeren mulchen.
- **Stroh:** Eignet sich vor allem für höher wachsendes Gemüse. Stroh hat ebenfalls ein weites C/N-Verhältnis, daher solltet ihr vorher einen stickstoffhaltigen, organischen Dünger wie Hornspäne, Guano, Zuckerrüben-Melasse oder Pflanzenjauche verteilen.
- **Schafwolle:** Wir haben Schafwolle flächig im Gemüsebeet verteilt und mit etwas Erde bedeckt. Tatsächlich scheinen die Schnecken die Schafwolle nicht zu mögen, so gehört sie ab sofort in unsere Schnecken-Fernhalte-Strategie. Außerdem gibt die Schafwolle nach und nach Nährstoffe wie Stickstoff, Phosphor und Kalium frei, die dann unserem Gemüse zur Verfügung stehen.

Pflanzen stärken

Mit guter Bodenvorbereitung und passenden Kulturmaßnahmen sorgen wir dafür, dass Pflanzen gesund wachsen. Wir können sie aber auch gezielt stärken. Mit Beizen und Jauchen.

Samen beizen

Mit natürlichen Stärkungsmitteln können wir unsere Pflanzen widerstandsfähig machen. Und zwar schon im Samenstadium mit einer Beize. Das bedeutet, die Samen kurzfristig in einer Flüssigkeit einzuweichen. Für jede Pflanze eignen sich unterschiedliche Beizen, das Prinzip ist aber immer dasselbe. Die Beizen wirken antibakteriell, beugen Pilzkrankheiten vor und das Saatgut keimt schneller. Dafür dürfen die Beizen aber nicht wärmer als 50 °C sein und das Saatgut sollte innerhalb von 24 Stunden ausgesät werden.

Knoblauchbeize für Tomatensamen

Dafür 100 g gehackten Knoblauch eine Stunde in 1 Liter warmen Wasser ziehen lassen. Dann die Reste absieben, die Samen in ein kleines Gazesäckchen geben und in der Flüssigkeit 15 Minuten beizen. Die Knoblauchbeize soll gegen Mehltau und Braunfäule helfen.

Kamillenbad für Radieschen und Rettich

Die Kamillenbeize hat eine pilzhemmende Wirkung und erleichtert der Pflanze das Keimen. Dafür Kamillentee aus getrockneten Blüten aufbrühen. Wenn der Tee lauwarm ist, das Saatgut einhängen und zehn Minuten ziehen lassen.

Milch für Erbsen, Gurken und Bohnen

Hartschaliges Saatgut könnt ihr 12 Stunden in Magermilch vorquellen lassen. Die enthaltene Milchsäure greift dabei die Samenschale an. Nach dem Absieben solltet ihr die Samen sofort aussäen, da sie sonst wieder austrocknen.

Brühen und Jauchen

Größere Pflanzen können wir mit Kaltauszügen, Tees, aber auch durch Jauchen mit Nährstoffen versorgen und kräftigen. Tees und Jauchen könnt ihr mit allen möglichen Pflanzen ansetzen, sogar mit Giersch oder Löwenzahn.

Schachtelhalmauszug

Schachtelhalm im Garten kann ziemlich lästig werden. Aber er kann dennoch unsere Gemüsepflanzen stärken. In den Trieben des Schachtelhalms steckt Kieselsäure, die für feste Zellwände sorgt, die Außenhaut der Pflanzen kräftigt und sie damit widerstandsfähig macht gegenüber Schaderregern. Für einen Kaltauszug braucht ihr 300 bis 500 g frische Pflanzenteile, die ihr 24 Stunden in 10 Liter Wasser einlegt. Dabei löst sich ein Teil der Kieselsäure, die ihre schützende Kraft im Gemüse entfalten kann. Einen Liter Kaltauszug gießt ihr mit 9 Liter Wasser auf, damit könnt ihr euer Gemüse gießen oder das Gemisch direkt auf die Blätter sprühen. Ihr könnt Schachtelhalm auch zur Bodenvorbereitung nutzen. In dieser

Variante benötigt ihr 50 g getrockneten Schachtelhalm, den ihr 24 Stunden in 1 Liter Wasser einweicht. Anschließend 30 Minuten kochen, abkühlen lassen und wie oben mit Wasser verdünnen. Mit diesem Auszug könnt ihr frisch gesäte Samen gießen, im Abstand von zwei Wochen wiederholen.

Meerrettich gegen Spitzendürre

Die Spitzendürre (Monilia) ist eine Pilzkrankheit, die an Steinobst wie Kirschen vorkommt. Vorbeugend hilft ein Tee aus Meerrettich. Dafür einen Tee aus 300 bis 400 g zerkleinerten Blättern und Wurzeln in 10 Liter Wasser geben und in die Blüten spritzen.

Jauche mit Brennnessel und Beinwell

Pflanzenjauchen aus Beinwell und Brennnessel könnt ihr vor allem in der Wachstumszeit bei Starkzehrern wie Tomaten, Auberginen oder Kürbisgewächsen einsetzen. Beinwell ist reich an Stickstoff und Mineralien wie Kalium, Kalzium und Magnesium. Die Beinwelljauche fördert die Blüten-, Frucht-, Wurzel- und Knollenbildung. Der Richtwert, an dem ihr euch für Jauchen orientieren könnt: 1 kg Pflanzenmaterial auf 10 Liter Wasser. Das gilt auch bei der Brennnessel. Diese enthält viel Stickstoff und zudem Kieselsäure, Kalium, Eisen, Kalzium und Magnesium. Aber erntet die Brennnessel nicht komplett ab. Die Raupen vieler Schmetterlinge fressen an der Brennnessel.

Beinwell

Pflanzenjauche ansetzen

Das Rezept für die Jauche ist bei Beinwell und Brennnessel gleich. 1 kg frische Blätter klein schneiden, in einen 10-Liter-Eimer geben und alles mit Regenwasser aufgießen. Alle Pflanzenteile sollten vom Wasser bedeckt sein. Wenn ihr eine Handvoll Gesteinsmehl dazugebt, bindet das einen Teil der streng riechenden Inhaltsstoffe. Gärende Jauche kann durchaus intensiv riechen. Die Jauche rührt ihr täglich um und wenn sich keine Bläschen mehr bilden, könnt ihr sie abfiltern und ebenfalls 1:10 verdünnen. Damit könnt ihr Gemüse mit hohem Nährstoffbedarf alle zwei Wochen gießen.

Elemente der Permakultur

Die Permakultur kann uns bei der Anlage und bei der Bewirtschaftung unseres naturnahen Kleingartens sehr helfen, denn sie vereint Elemente des Nutzgartens mit den Bedürfnissen der Natur und des Menschen. Der Begriff »Permakultur« wurde in den 1970er-Jahren von Bill Mollison und David Holmgren geprägt. Der Begriff setzt sich zusammen aus »permanent« und »agriculture« und bedeutet so viel wie »dauerhafte Landwirtschaft«. Das Thema »Permakultur« ist extrem umfangreich und es gibt dazu zahlreiche Bücher. Auch wir haben uns daraus vielfältige Anregungen geholt. Wichtig ist, dass wir natürliche Kreisläufe beachten. Für uns bedeutet das beispielsweise, dass es im Kleingarten keinen Abfall gibt. Wir verwenden alles wieder.

Das Hügelbeet

Eine gute Möglichkeit, Stämme, Äste und Grünschnitt im eigenen Garten zu verwerten, ist ein Hügelbeet. Ein Hügelbeet ist eine Art bepflanzter Komposthaufen, bei dem oben und an den Seiten Gemüse wachsen kann. So steht bis zu einem Drittel mehr Fläche zu Verfügung, beim Verrotten der Pflanzenreste erwärmt sich der Haufen und es werden Nährstoffe freigesetzt. Durch die entstehende Wärme im Hügelbeet könnt ihr mit dem Gemüseanbau etwas früher als im herkömmlichen Bodenbeet beginnen. Und durch die Schräglage gelangt zudem mehr Sonnenlicht an die Kulturen. Ein Hügelbeet lohnt sich vor allem dann, wenn der vorhandene Boden für den Anbau von Gemüse nicht optimal ist. Also beispielsweise bei sehr undurchlässigen oder kiesigen Böden. Bei einem tiefgründigen und humosen Gartenboden würde man durch die Anlage eines Hügelbeetes die gewachsene Bodenstruktur zerstören.

Hügelbeete bauen

Je nach Platz und vorhandenem Material gibt es verschiedene Varianten von Hügelbeeten. Feste Regeln für den exakten Aufbau gibt es nicht. Im Internet und in der Gartenliteratur findet man etliche Möglichkeiten. So wird jedes Hügelbeet ein Unikat, Experimentieren ist angesagt! Das Prinzip ist jedoch, vereinfacht gesagt, immer das Gleiche: auf Schnittgut Gemüse anbauen. Dabei ist die Mischung der Materialien entscheidend: ein Mix aus kohlenstoffreichen Zutaten wie Stammholz und Strauchschnitt

Äste und grober Strauchschnitt kommen in die ausgehobene Grube (oben), darüber werden z. B. abgestochene Rasensoden, Staudenschnitt, Kompost und Laub hügelförmig aufgeschichtet. Gartenerde, vermischt mit reifem Kompost, bildet die oberste Lage (unten).

und stickstoffreichen Materialien wie Grünschnitt oder Stallmist. Ein guter Zeitpunkt für den Bau eines Hügelbeetes ist der Herbst. Dann stehen in der Regel genug Materialien für den Aufbau zur Verfügung. Das Frühjahr eignet sich aber ebenfalls. Je nach Material hält ein Hügelbeet etwa fünf Jahre, bis die Nahrstoffe aufgebraucht sind und alles zusammengesackt ist. Übrig bleibt ein wertvoller Gartenboden, der als flaches Beet weiter bewirtschaftet werden kann.

Hügelbeet bepflanzen

Die Vorteile eines Hügelbeetes hängen vom Alter des Beetes ab. In den ersten Jahren stehen den Pflanzen mehr Nährstoffe zur Verfügung, in den Folgejahren dann immer weniger. So kommen in den Anfangsjahren vor allem stark- und mittelzehrende Gemüse zum Einsatz. Dazu gehören Gurken, Kürbisse, Kohlarten, Tomaten, Paprika oder Zucchini. Ab dem vierten Jahr Salate, Spinat oder Möhren und darauffolgend Bohnen, Erbsen, Petersilie oder Rucola.

Permakultur im Kleingarten von Melanie Schellack in Duisburg

»Dein Garten ist mir zu unordentlich, wenn man hier tot umfällt, dann findet einen keiner.« (»Lob« eines Gartennachbarn)

Duisburg, Kleingartenverein Gut-Grün Bergbau e.V. 1913, 110 Parzellen. Eine Anlage, mit auf den ersten Blick vielen »klassisch« angelegten Kleingärten. Rasenfläche, Obstbäume, geradlinige Gemüsebeete. Doch ein Garten sticht heraus. Hier geht's wilder zu, alles scheint durcheinanderzuwachsen. Aber der Garten folgt einem System. Es ist die Parzelle von Melanie Schellack. Seit 2020 bewirtschaftet sie die 238 Quadratmeter große Fläche naturnah nach dem Hortus-Prinzip mit unterschiedlichen Zonen. Neben Obst und Gemüse hat Melanie in ihrer Parzelle etliche naturnahe Elemente untergebracht. Darunter ein Blumenbett mit Überwinterungskeller, eine Reisighecke, ein Igelhotel, Totholz, ein Brennnesselbeet sowie einen Mini-Teich.

Vielfalt statt Einfalt ist Melanies Motto. Ihr Garten ist zu 80 Prozent essbar, sagt sie. Das sind immerhin über 200 verschiedene Pflanzen. Und dazu gehören auch spontan auftretende Wildkräuter. »Dafür muss man aber auch den Mut haben, mal was stehenzulassen.« Aber das fällt ihr ohnehin nicht schwer. Als Fachberaterin versucht Melanie, ihr naturnahes Konzept auch in der Anlage publik zu machen. Aber nicht nur dort. In ihrem Gartenblog »Das Grüne Netzwerk« gibt sie regelmäßig Tipps aus ihrem Garten und räumt gleichzeitig mit vielen Mythen auf. Etwa, dass sich naturnahes Gärtnern

nicht mit dem Bundeskleingartengesetz vereinen lässt. Für Gartenneulinge hat sie eine Checkliste erstellt, worauf es ankommt, wenn man einen Kleingarten pachten möchte. Und Melanie kümmert sich um das Vereinsbiotop auf der Gemeinschaftsfläche der Kleingartenanlage. Neben einem großen Teich und einem Totholz-Hotel blühen dort zahlreiche Pflanzen für Insekten (mehr dazu in Melanies Blog, Adresse im Anhang)

Das Hortus-Prinzip

Das Hortus-Prinzip wurde von Markus Gastl entwickelt. Das Prinzip kombiniert Elemente eines Naturgartens mit Permakultur. Ein Hortus ist in drei Zonen gegliedert: Pufferzone, Hotspotzone und Ertragszone. Wobei die Zonen nicht immer klar voneinander abgegrenzt sein müssen. Die Pufferzone ist der äußere Bereich des Gartens und besteht meist aus einer Hecke mit einheimischen Sträuchern und dient als Rückzugsort für Tiere. Schnittgut aus der Pufferzone landet in der Ertragszone. Sie ist die am intensivsten bewirtschaftete und nährstoffreichste Zone eines Hortus. Hier wachsen Obst und Gemüse nach dem Mischkulturprinzip. Die artenreichste und magerste Zone ist die Hotspotzone. In dieser Zone ist kaum Humus vorhanden, hier wachsen viele heimische Wildblumen als Nahrung für Insekten; Totholzhaufen, Teiche und Steinpyramiden bilden Rückzugsorte für Tiere. Um die Fläche mager zu halten, wird das Schnittgut abgeräumt und in die Ertragszone gebracht.

Anlegen eines Hügelbeets

- Spätere Fläche des Hügelbeets abstecken, mindestens 1,20 m bis 1,50 m breit, die Länge ist beliebig. Je nachdem, wie viel Füllmaterial zur Verfügung steht. Die Endhöhe sollte zwischen 70 und 80 cm liegen.
- Die ideale Ausrichtung für ein Hügelbeet ist von Nord nach Süd der Länge nach. Die Seitenflächen zeigen nach Ost und West und bekommen so ausreichend Sonne.
- Beim Bau beachten: Das Hügelbeet sollte rundherum begehbar sein. Beispielsweise mit einzeln verlegten Platten oder mit einem Weg aus Holzhäcksel.
- Grasnarbe abstechen und die Rasensoden aufbewahren. Sie werden Teil des Hügelbeetes.
- Fläche 30 bis 40 cm tief ausheben. (Wühlmäuse im Garten? Dann einen Maschendraht auf dem Boden ausbreiten. Das erschwert den Wühlmäusen zumindest von unten, in das Beet zu gelangen.)
- Damit der Boden nicht weggeschwemmt wird, kann man die Ränder des Hügelbeetes mit Stämmen oder Brettern einfassen.
- Angerottete, morsche Stämme als untere Lage (der »Wasserspeicherkern«) etwa 60 cm breit in der Mitte des Beetes auslegen.
- Groben Strauchschnitt etwa 40 cm hoch aufschichten.
- Zwischendurch alles gut festtreten.
- Rasensoden umgedreht auflegen, mit dem Aushub etwa 15 bis 20 cm hoch auffüllen.
- Groben Staudenschnitt und Laub hügelförmig darauf schichten.
- Die nächste Schicht: grober Kompost oder verrotteter Stallmist.
- Gartenerde und feiner, reifer Kompost bilden die oberste Lage. Dabei die Spitze des Hügelbeetes abflachen und eine kleine Mulde formen, damit Wasser ins Innere des Hügelbeetes gelangt. Auch an den Seiten kann man kleine Mulden formen, damit der Boden bei Niederschlägen nicht abgespült wird.
- Das Beet über den Winter mulchen, beispielsweise mit Heu oder Laub.

Tiere im Gemüsegarten

Im naturnahen Kleingarten wollen wir Tiere unterstützen. Einige davon können uns aber mit ihrem Appetit in die Quere kommen. Aber keine Sorge. Mit der naturnahen Bewirtschaftung unseres Kleingartens sorgen wir dafür, dass beispielsweise Blattläuse nicht überhandnehmen. Denn sie stehen auf dem Speiseplan von Marienkäfern und deren Larven. Schwebfliegen legen ihre Eier sogar gezielt in Blattlauskolonien, sodass diese kurz nach dem Schlupf der Larven massiv reduziert werden. Ohrwürmer und das Grüne Heupferd sind ebenfalls fleißige Blattlausvertilger und Meisen sammeln Blattläuse für ihren Nachwuchs. Je naturnäher der Garten gestaltet ist, desto größer ist die Chance, dass sich auch die Gegenspieler von Läusen und Co. einfinden, sodass diese nicht überhandnehmen und uns nicht zu lästig werden.

Ein Heupferd bei der Eiablage

Etwas anstrengender sind gefräßige Nacktschnecken, mit denen wir in unserem Kleingarten auch so unsere Probleme haben. Problematisch sind im Nutzgarten die Gartenwegschnecke, die Genetzte Ackerschnecke und die Spanische Wegschnecke. Es ist natürlich ärgerlich, wenn die mühsam vorgezogenen Gemüsepflänzchen innerhalb einer Nacht weggefressen sind. Da wir kein Schneckenkorn verwenden, kombinieren wir verschiedene Strategien gegen die Schnecken. Das rettet uns nicht alle, aber eine ganze Menge Pflanzen. Aber das Wichtigste ist, das Ganze auch etwas gelassen zu sehen.

Junge Pflanzen setzen wir in sogenannte Schneckenringe oder Schneckenkragen. Ihr könnt auch euer ganzes Gemüsebeet mit einem Schneckenzaun einfassen. Wichtig ist dabei, dass das Innere des Zauns frei von Schneckeneiern ist. Sonst bereitet ihr ihnen ein geschütztes Festmahl. Im Handel findet ihr Schneckenzäune von verschiedenen Herstellern. Das Prinzip ist immer ähnlich: Die Oberkanten der einzelnen Zaunelemente sind umgeschlagen bzw. abgewinkelt. Die Schnecken schaffen es nicht, diesen Knick zu überklettern, und der Weg ins Gemüsebeet bleibt versperrt. Ihr müsst darauf achten, den Zaun mindestens 10 cm in den Boden zu stecken, damit die Schnecken nicht unterirdisch ins Beet gelangen. Zwischen den Elementen dürfen keine Lücken entstehen und es sollten auch keine Pflanzenteile über den Zaun ragen. Die wären eine ideale Brücke für die Schnecken. Zusätzlich legen wir Holzbretter und Rhabarberblätter aus, unter die sich die Schnecken zurückziehen. So können wir sie leicht absammeln und in unser wildes Eck transportieren. Dort stapeln wir regelmäßig frisches Grün, damit die Schnecken den Platz möglichst nicht mehr verlassen. Gute Erfahrungen haben wir auch mit roher Schafwolle gemacht, die wir zusätzlich zu den Schneckenringen um die Pflanzen legen. Vermutlich brauchen die Schnecken zur Überwindung zu viel Schleim.

Gemüse für Insekten

In den Gemüsebeeten des naturnahen Kleingartens ernten nicht nur wir. Mit der richtigen Strategie profitieren auch zahlreiche Insekten vom Anbau der Nutzpflanzen. Eine ideale Kombination der kleingärtnerischen Nutzung und der Förderung der Artenvielfalt.

Lauch pflanzen für Wildbienen

Zahlreiche Wildbienen und Falter lieben blühendes Gemüse. Vor allem Lauchgewächse wie Schnittlauch oder Lauch bzw. Porree *(Allium porrum)* stehen bei den Insekten hoch im Kurs. Wenn ihr euch das zeitintensive Vorziehen des Lauchs sparen möchtet, könnt ihr den Lauch einfach pflanzen. Dafür besorgt ihr euch einige Stangen Lauch (aus dem Biomarkt) mit intakten Wurzeln. Dann sucht ihr im Garten einen sonnigen oder halbschattigen Platz mit einem lockeren und tiefgründigen Boden. Dort grabt ihr die Stangen im Abstand von 30 cm so tief ein, dass der weiße Schaft vollständig in

Im April pflanzen wir Lauchstangen für Insekten (oben). Ackerhummeln freuen sich über blühenden Kohl (unten links), Schwalbenschwanzraupen lieben Fenchel (unten rechts).

der Erde steckt. Dann gut angießen und bei langer Trockenheit gelegentlich wässern. Im Hochsommer bildet der Lauch prächtige Blütenkugeln, die vor allem von verschiedenen Maskenbienen und Tagfaltern besucht werden.

Kohlgewächse blühen lassen

Anstatt Rosenkohl oder Grünkohl immer komplett zu ernten, könnt ihr im Frühjahr einfach ein paar Exemplare zur Blüte kommen lassen. Auch sie sind äußerst beliebt bei Wildbienen.

Fenchel und Kümmel für den Schwalbenschwanz

Der Schwalbenschwanz gehört zu den schönsten Tagfaltern bei uns. Der gelb-schwarz gemusterte Schmetterling kann eine Flügelspannweite von über 8 cm erreichen. Der Schwalbenschwanz legt seine Eier an Pflanzen aus der Familie der Doldenblütler, dazu gehören beispielsweise Fenchel, Dill, Kümmel, Engelwurz, Wilde Möhre und auch Giersch. Die Raupen nehmen am Ende ihrer Entwicklung ihre charakteristische grün-orange Färbung an.

Heidelbeeren (links) und Johannisbeeren (rechts) sind auch bei der Tierwelt beliebt

Obst aus dem eigenen Kleingarten

Obstbäume wie Apfel, Kirsche oder Pflaume sind Teil der kleingärtnerischen Nutzung. Aber nur wenn die Bäume so gepflegt werden, dass sie auch Ertrag liefern. Bücher über Obstsorten und über Schnitttechniken gibt es zuhauf, daher haben wir die Themen hier ausgeklammert.

Aber wie helfen uns Obstbäume, unseren Kleingarten naturnäher zu machen? Wenn wir sie regelmäßig schneiden, liefern sie über viele Jahrzehnte Früchte. Das Schnittgut können wir gleich im Garten weiterverarbeiten, als Totholzhecke, im Reisighaufen oder als Rankgerüst für Bohnen oder Tomaten.

In unserer Parzelle stehen zwei mehrere Jahrzehnte alte Obstbäume, ein Apfel- und ein Pflaumenbaum. Sie bringen jedes Jahr noch viel Ertrag und wir schneiden sie regelmäßig. Auch, um die Krone zu entlasten, denn ihr Alter sieht man ihnen mittlerweile an. Wir wollen die Bäume so lange wie möglich erhalten, denn in alten Bäumen bilden sich Höhlungen, die etlichen Tieren als Unterschlupf dienen. Und auch wenn die Bäume irgendwann keinen Ertrag mehr bringen oder mehrere Äste ausbrechen, darf der Stamm dennoch als Lebensraum stehen bleiben. Zur Anbaufläche kann der Baum dann allerdings nicht mehr gezählt werden.

Wenn ihr einen Kleingarten übernehmt, in dem lange nicht mehr geschnittene Obstbäume stehen, und ihr nicht sicher seid, wie ihr damit umgehen sollt, sprecht die Fachberatung eurer Anlage an. Denn mit Schnittmaßnahmen, verteilt über mehrere Jahre, lassen sich auch vernachlässigte Obstbäume wieder revitalisieren.

Beerensträucher mit Mehrfachnutzen

Beerensträucher eignen sich wunderbar für den naturnahen Kleingarten. Mit dem richtigen Schnitt und der richtigen Pflege liefern sie ganz ohne chemischen Pflanzenschutz über viele Jahre Früchte. Und nicht nur das. Ihre Blüten locken Insekten an, »vergessene« Früchte holen sich die Vögel und mit den Zweigen können wir Wildbienen und Wespen unterstützen.

Johannisbeeren

Johannisbeeren sind wertvolle Pollenquellen für mindestens sieben Wildbienenarten. Bei uns werden die Gehölze beispielsweise von *Andrena fulva,* der Rotpelzigen Sandbiene, besucht.

Johannisbeeren fruchten in Rot, Schwarz oder Weiß. Sie alle kommen auf normalen Gartenböden gut zurecht. Da sie allerdings recht flach wurzeln, solltet ihr den Boden in direkter Strauchnähe nicht umgraben und am besten mit einer Mulchschicht schützen. Und in trockenen Frühjahren solltet ihr regelmäßig gießen, da Johannisbeeren sonst ihre Blüten abwerfen. Der beste Pflanzzeitpunkt ist im Herbst, den Boden könnt ihr mit reifem Kompost verbessern. Bei weißen und roten Sorten beginnt die Ernte Ende Juni, bei schwarzen Johannisbeeren etwa ab Anfang Juli.

Beim Schnitt unterscheiden sich die Sorten. Denn Rote und Weiße Johannisbeeren fruchten an den zwei- und dreijährigen Trieben, Schwarze Johannisbeeren am ein- bis zweijährigen Holz. Also im nächsten Jahr an den Trieben, die sie dieses bzw. letztes Jahr gebildet haben. Sie müsst ihr jährlich stärker schneiden, damit sie zum Neuaustrieb angeregt werden. Konkret bedeutet das für den Schnitt:

- Rote und Weiße Johannisbeeren am besten nach der Ernte schneiden, das geht aber auch im Winter an frostfreien Tagen. Äste, die älter als vier Jahre sind, abschneiden (je heller das Holz, desto jünger). Vier bis fünf kräftige Jungruten belassen.
- Schwarze Johannisbeeren am besten nach der Ernte schneiden, das geht aber auch im Winter an frostfreien Tagen. Äste, die älter als drei Jahre sind, abschneiden. Insgesamt sollte der Strauch acht bis zwölf Triebe unterschiedlichen Alters haben.

Gängige Sorten sind: 'Rovada', 'Jonkheer van Tets' (Rot), 'Weiße Versailler' (Weiß), 'Titania' (Schwarz).

Sibirische Blaubeeren

Durch die frühe Blüte sind diese Blaubeeren beliebt bei Hummeln, Vögel fressen die Früchte. Die Sibirische Blaubeere *(Lonicera kamtschatica)* blüht ab Ende März gelblich-weiß und liefert bereits ab Ende Mai kleine blaue Früchte. Sie sind bis zu 1,5 cm lang und lassen sich etwas mühsam ernten. Sie schmecken süß, ihr könnt sie direkt vom Strauch naschen oder zu Saft oder Aufstrich verarbeiten. Die Sträucher gelten als Heidelbeerersatz, brauchen aber keinen speziellen Moorbeetboden. Sie wachsen im normalen Gartenboden, in der Sonne oder im Halbschatten. Ihr könnt die kleinen Sträucher auch problemlos in Kübel setzen. Im zeitigen Frühjahr freuen sich die Pflanzen über eine Kompostgabe, in regenreichen Frühjahren braucht ihr in der Regel nicht zusätzlich zu wässern. Der Schnitt ist unkompliziert. Nach der Ernte schneidet ihr ältere, zu dicht stehende Triebe bodennah ab, drei neue Triebe sollten übrig bleiben. Da die Pflanzen langsam wachsen, genügt ein Pflanzabstand von 1,5 m, für eine bessere Befruchtung solltet ihr zwei Pflanzen setzen. Die Pflanze hat keine Probleme mit Krankheiten. Ende August färbt sich das Laub gräulich und fällt ab. Keine Sorge, das ist arttypisch und kein Pilzbefall.

Herbsttragende Himbeeren

Herbsttragende Himbeeren (*Rubus idaeus* in Sorten) könnt ihr von Mitte August bis Ende Oktober ernten. Sie gelten als robust, in der Regel madenfrei und absolut pflegeleicht. Im Februar vor dem Neuaustrieb schneidet ihr die Pflanze komplett bodennah ab. Und habt so gleich ausreichend Nistmaterial für Wildbienen und Grabwespen. Die geschnittenen Ruten der Himbeeren sind, einzeln und senkrecht befestigt, Nistplatz für kleine Wildbienen und Grabwespen. Sie nagen sich in das weiße Pflanzenmark und legen in den so entstehenden Hohlräumen ihre Eier.

Die Himbeeren brauchen einen lockeren Boden und vertragen keine Staunässe. Auch sie sind Flachwurzler und freuen sich über einen mit Mulch bedeckten Boden. Da die Himbeerruten recht lang werden und um sie aufrecht zu halten, reicht ein in etwa 80 cm Höhe auf Holzpfosten aufgelegtes Drahtgeflecht mit einer großen Maschenweite (beispielsweise ein Wildschutzzaun). Die Ruten wachsen hindurch und sind standfest.

Gängige Sorten: 'Autumn Bliss', 'Himbo-Top' oder 'Polka'.

Heidelbeeren

Heidelbeeren sind eine Nahrungsquelle für Wildbienen und Raupenfutter für Schmetterlinge.

Die wilde Heidelbeere *(Vaccinium myrtillus)* und auch ihre Kulturformen sind Moorbeetpflanzen. Das bedeutet, sie brauchen einen sauren Boden mit pH-Werten von 4 bis 5, um gut wachsen und fruchten zu können. Die Kulturformen vertragen zwar auch normale Gartenböden, Ertrag und Geschmack sollen aber mit Moorbeetsubstrat besser sein.

Zum einen können wir nun schwer unseren kompletten Boden im Kleingarten austauschen, um Heidelbeeren zu kultivieren. Aber ihr könnt sie in im Boden eingelassenen Mörtelkübeln anbauen. Bei der Verwendung der Mörtelkübel gibt es immer wieder Bedenken bezüglich enthaltener Giftstoffe. Dabei wird empfohlen, Kübel aus PP (Polypropylen) oder PE (Polyethylen) zu wählen, die keine Weichmacher enthalten. Alternativ könnte man das Pflanzloch auch mit einer unbedenklichen EPDM-Folie auskleiden, damit sich das Moorbeetsubstrat nicht mit dem Gartenboden mischt. Wenn ihr euch für Kübel entscheidet, eignet sich ein 90 Liter fassender Kübel, in den ihr unten mehrere Löcher für den Wasserabzug bohrt. Dann füllt ihr groben Kies als Drainage ein und anschließend das Moorbeetsubstrat. Das gibt es mittlerweile torffrei bei verschiedenen Herstellern oder bei Erdwerken. In dem Kübel können die Heidelbeeren sechs bis acht Jahre wachsen. Dann könnt ihr sie herausholen, den Ballen etwas verkleinern und mit neuem Substrat in den alten Kübel setzen.

Gängige Sorten: 'Petite', 'Blue Crop' oder 'Duke'.

Johannisbeerblasenlaus

Habt ihr euch schon mal gefragt, warum sich im Frühjahr die Blätter eurer Johannisbeeren verfärben und merkwürdig verformen? Wenn ihr die Blätter umdreht, seht ihr den Grund: Hier sind Johannisbeerblasenläuse am Werk. Die Läuse saugen an den Blättern und diese wölben sich dadurch auf. Langfristige Schäden sind an den Johannisbeeren nur bei regelmäßig starkem Befall zu erwarten, allerdings sind im naturnahen Kleingarten in der Regel schnell Marienkäfer oder Schwebfliegenlarven zur Stelle. Lassen wir ihnen ihr Futter.

Kräuter im Kleingarten

Der Anbau von Kräutern gehört im Kleingarten einfach dazu. Sie sind gut für uns und für Insekten. Viele Kräuter gehören zur Familie der Lippenblütler und sind damit ein ideales Nahrungsangebot für Wildbienen. Kräuter können entweder zwischen den Gemüsepflanzen wachsen, als Begleiter von Stauden oder sie bekommen ein eigenes Beet. Der Anbau von Kräutern zählt übrigens zur kleingärtnerischen Nutzung, wenn ihr die Kräuter auch nutzt. Kräuter aus dem eigenen Kleingarten lassen sich auf viele Arten verwenden. Aus Lavendelblüten können wir Kräuterkissen herstellen, Bergbohnenkraut und Thymian verwenden wir in der Küche, aus Minzen können wir Kräuterlimonaden ansetzen und aus dem Salbei einen gesunden Tee kochen. Sind die Kräuter am passenden Standort einmal gut eingewachsen, sind sie richtige Dauerkulturen. Aber nicht alle Kräuter haben die gleichen Ansprüche an ihren Standort. Basilikum und Thymian mögen es zwar beide warm, Basilikum braucht jedoch einen nährstoffreichen und humosen Boden, während es dem Thymian gar nicht mager genug sein kann.

Die Kräuterspirale

Eine Kräuterspirale ist eine wunderbare Methode, Kräuter mit unterschiedlichen Ansprüchen auf kleiner Fläche anzubauen. Das Beet liegt nicht in der Ebene, sondern windet sich spiralförmig nach oben. So entstehen in der Spirale sonnige, halbschattige und eher schattige Bereiche,

Pflanzenbeispiele für die Kräuterspirale

Oben – sandig und trocken: Rosmarin, Lavendel, Thymian, Salbei, Berg-Bohnenkraut

Mitte – mäßig trocken bis frisch: Borretsch, Koriander, Petersilie, Zitronenmelisse, Kapuzinerkresse

Unten – feuchter und nährstoffreich: Estragon, Schnittlauch, Goldmelisse, Minze

Mit dieser Grundlage lassen sich die Spiralen natürlich noch weiter variieren, was die Pflanzenauswahl angeht. Etwa als Duftspirale, Schmetterlingsspirale oder Küchenkräuterspirale. Probiert es einfach aus.

Ein Kräuterbeet lässt sich aus unterschiedlichen (recycelten) Materialien bauen

unten ist es eher feucht und nährstoffreich, während es, je weiter es nach oben geht, trockener und nährstoffärmer wird. Der Anfang der Spirale sollte sich in Richtung Süden öffnen. Für eine gut funktionierende Kräuterspirale plant ihr einen Durchmesser von etwa 2 m und eine Höhe von 80 cm ein. So lassen sich alle Kräuter gut ernten. Kräuterspiralen können aus Beton- oder Natursteinen, Klinkern oder Holz gebaut werden. Wobei sich aus Gründen der Haltbarkeit Steine am besten eignen. Idealerweise geht ihr bei Nachbarn oder Kleinanzeigenportalen auf die Suche nach dem passenden Material, ganz im Sinne der Wiederverwertung im naturnahen Kleingarten. Wenn ihr mit einer Kräuterspirale auch Eidechsen, Spinnen und Käfern einen Unterschlupf bieten wollt, dann verwendet am besten unregelmäßig geformte Natursteine, damit viele Fugen und Spalten entstehen. Der Bau ist allerdings mit genormten Steinen einfacher. Denn die könnt ihr einfach stapeln. Bei verschiedenen Steingrößen müsst ihr jeden Stein einzeln mit kleinen Steinen verkeilen und sicherstellen, dass sie stabil liegen.

Eine Kräuterspirale bauen

So geht ihr am besten vor:

- ▷ Grundriss abstecken. Dafür einen Pflock in die Mitte des späteren Beetes schlagen und daran eine Schnur mit dem gewünschten Radius befestigen. Wie mit einem Zirkel könnt ihr nun einen runden Grundriss in den Boden zeichnen.
- ▷ Boden spatentief ausheben.
- ▷ Wer mag, kann am Anfang der Kräuterspirale einen Maurerkübel eingraben. Mit Wasser gefüllt, wird dieser Mini-Teich ein perfekter Standort für Brunnenkresse. Die Ausstiegshilfe für Kleintiere nicht vergessen!
- ▷ Fläche mit Kies oder Schotter als Drainageschicht füllen.
- ▷ In der Mitte häuft man grobe Steine, zerschlagene Betonplatten oder Bauschutt als Drainage an, damit aus den oberen Schichten das Wasser gut ablaufen kann (»Schuttkern«).
- ▷ Dann die Steine spiralförmig Lage für Lage aufschichten. Wie bei einer Trockenmauer müssen die Steine gut miteinander verkeilt werden und dürfen nicht mit Kreuzfugen verlegt werden.
- ▷ Während des Aufbaus die Spirale im Inneren mit Substrat auffüllen. Je höher es geht, desto nährstoffärmer wird das Substrat. Unten beginnt ihr mit einem Gemisch aus Erde, Sand und Kompost. An der oberen Windung wachsen die Kräuter in reinem Sand.
- ▷ Zuletzt die Kräuter entsprechend ihren Ansprüchen pflanzen.

Grundriss vorzeichnen, Boden ausheben, Schuttkern einfüllen – und dann wächst Lage für Lage die Trockenmauer für unsere Kräuterspirale

Die Kräuter werden jeweils in das für sie passende Substrat gepflanzt.

▼ Auch aus Feldsteinen lässt sich eine Kräuterspirale bauen.

»Harte« Fakten im Kleingarten

Wenn man durch einige Kleingartenanlagen spaziert, kann man oft nur staunen, wie viel Beton sich in Kleingärten verbauen lässt. Wege und Sitzplätze sind nahezu komplett versiegelt, durch eng verlegte Steine kann kaum Wasser versickern, in den Fugen ist kein Platz für Pflanzen. Und wenn sich doch mal ein Kraut breitmachen will, wird es sofort entfernt. Nachhaltig und im Sinne eines naturnahen Kleingartens ist das nicht.

Wege im Garten

Wege haben im Garten unterschiedliche Aufgaben. Sie verbinden die einzelnen Gartenbereiche miteinander, schaffen Sichtachsen und sorgen dafür, dass man Gemüse und Kräuter ernten kann, ohne nasse Füße zu bekommen. Und die Wegeführung beeinflusst, wie wir unseren Garten erleben. Wollen wir schnell zum Ziel oder über geschwungene Wege langsam durch den Garten schlendern? Den Wegen im eigenen Kleingarten sollte man mehr Beachtung schenken. Denn gerade im Winter, wenn von Stauden und Gemüse nicht mehr viel zu sehen ist, bestimmen sie das Aussehen der Parzelle maßgeblich mit.

Nix von der Stange

Im naturnahen Kleingarten sind Wege nicht nur Mittel zum Zweck, um auf kürzester Strecke von A nach B zu kommen. Wege können ein eigener Lebensraum sein. Das kann nur funktionieren, wenn die Wege nicht versiegelt sind. Daher gilt es im naturnahen Kleingarten, auf großflächige Versiegelung zu verzichten und auf offene Lösungen zu setzen. Je nach Gartenbereich und Nutzung kommen als Oberflächenmaterialien Kies, Holzhäcksel, Sand oder Splitt zum Einsatz. Wenn ihr euren Weg mit Pflaster und Platten befestigt, solltet ihr gebrauchtes Material wiederverwenden.

◄ Kein Gartenweg ist wie der andere. Je nachdem, welche Baustoffe vorhanden sind, entstehen individuelle Lösungen.

Seid ihr neu in der Parzelle, nutzt ihr beispielsweise das, was bereits da ist. Denn meist ist der übernommene Kleingarten nie ganz leer und Wege oder Plätze sind bereits vorhanden. Es lohnt sich außerdem, bei den Gartennachbarn nachzufragen, ob sie Reste der eigenen Baumaßnahmen übrig haben und froh sind, diese nicht entsorgen zu müssen. Nicht zuletzt sind Kleinanzeigenportale eine wahre Fundgrube, oft findet ihr schon in näherer Umgebung gebrauchte Klinker und Natursteine. Das Schöne daran: Die Kombination aus verschiedenen Materialien macht jeden Weg zu einem Unikat. Wenn ihr die Steine dann noch mit großen Fugen verlegt, können sich dort Pflanzen ansiedeln oder, sofern Fugen und Untergrund aus Sand bestehen, Wildbienen einen Nistplatz finden. Der Übergang zu angrenzenden Stauden- und Gemüsebeeten wirkt besonders harmonisch, wenn ihr auf komplett einbetonierte Kantensteine verzichtet. So können die Pflanzen in den Weg hineinwachsen und bieten Nahrung und Lebensraum für Tiere.

Die Wege in unserer Parzelle

Ein schnurgerader Weg aus Betonplatten, an eine Landebahn erinnernd, zog sich anfangs noch durch unsere Parzelle. Leicht zu »pflegen«, also zu fegen, das vielleicht, aber keineswegs naturnah. Die Bordsteinkanten bremsten den Weg für Tiere, die unter der Erde unterwegs waren, in den engen Fugen fand auch kein noch so kleines Pflänzchen Platz. Regenwasser konnte nur schlecht versickern und floss einfach ab. Der Entschluss stand fest: Dieser Weg musste weg.

Da wir im Kleingarten keine großen Lagerflächen haben und wir die Betonplatten nicht auf die Bauschuttdeponie bringen wollten, haben wir den Weg in mehreren Schritten entsiegelt und immer dann weitergebaut, wenn wir günstig oder kostenlos Baumaterialien bekommen konnten. Mit den Wegen ging es erst los, nachdem die Rasenfläche zum Gemüsegarten geworden war (siehe Seite 25). Das ist auch der Grund, warum wir die formale Struktur des Gartens weitgehend übernommen haben. Auch wenn wir anfangs geschwungene Linien und Wegeführungen anlegen wollten, haben wir uns mit der rasterartigen Einteilung des Gartens angefreundet. Im Sommer, wenn die Pflanzen die harten Konturen optisch brechen, ist von der Geradlinigkeit ohnehin nicht mehr viel zu sehen.

Doch zurück zum Wegeumbau. Als Erstes haben wir die Platten direkt am Gemüsegarten abgeräumt, samt der Bordsteinkanten und dem

▲ Der Weg aus Betonplatten vor ...

... und nach dem Umbau ►

▼ Zweiter Baubschnitt:
Mineralgemisch verteilen, Brechsand verdichten

◄ Splitt als Deckschicht

► Der Thymian wurde beim Bau gleich mit eingesetzt

verbauten Splitt. Den so entstandenen Weggraben haben wir mit Aushub aus einem anderen Gartenteil und den Soden der ehemaligen Rasenfläche aufgefüllt. Alles haben wir gerade so weit verdichtet, dass sich beim Befahren der Fläche mit der Schubkarre keine Mulden bilden. Schon kurz danach hatten wir das Gefühl: Der Boden atmet auf. Und da der wiederverwendete Rasen auch vorher kein Golfrasen war, sondern durchwachsen mit Gänseblümchen und Ehrenpreis, ist aus dem neuen Weg gleich ein neuer Nahrungs- und Lebensraum für Insekten geworden. Auch Niederschlagswasser kann so wieder problemlos versickern. Als Einfassung und zusätzliches Totholzelement kamen Robinienstämme zum Einsatz. Die konnten wir bekommen, da im Außenbereich unserer Kleingartenanlage einige Robinien aus Sicherheitsgründen gefällt werden mussten. So sind auch die Ränder des Rasenweges ein eigener Lebensraum. Robinienholz hält auch mit Erdkontakt mehrere Jahre und eignet sich sehr gut als Einfassung für Wege aus Sand oder Holzhäcksel.

Zweiter Bauabschnitt

Im zweiten Bauabschnitt der Wegentsiegelung haben wir uns die Zuwegung zur Laube vorgenommen. Hier wollten wir bewusst einen anderen Wegebelag. Wir haben uns für einen Splittweg mit einem Aufbau aus etwa 15 cm Mineralgemisch mit der Körnung 0/32, 3 cm Brechsand (Körnung 0/2) und als Deckmaterial Splitt (Körnung 2/5) entschieden. Da die Beete rechts und links neben dem Weg schon angelegt waren, sind die Bordsteine ausnahmsweise im Boden geblieben. Die Fläche des Weges ist mit sechs Quadratmetern überschaubar, damit sind es auch der Materialaufwand und der Transport. Die einzelnen Schichten haben wir lagenweise mit dem Handstampfer verdichtet. Der Belag ist wasserdurchlässig und gleichzeitig ein idealer Standort für trockenheitsliebende Pflanzen wie Thymian und Mauerpfeffer. Die haben wir zeitgleich mit dem Bau des Weges an den Rändern gepflanzt. Das geht besonders gut, wenn die Pflanzen in der Gärtnerei als Kleintopfstauden kultiviert worden sind. Diese in 2 bis 3 cm kleinen Töpfen gezogenen Stauden kommen vor allem bei Dachbegrünungen mit geringem Substrataufbau zum Einsatz und sind auf mageres Substrat vorbereitet. In Splitt oder Sand wachsen die Stauden daher ohne Probleme. Die Ballen der Stauden sind so klein, dass sich die Pflanzen auch leicht in Fugen zwischen Steine setzen lassen.

Blühende Wege

Gut drei Jahre nach der Pflanzung bildet der Thymian einen dichten Teppich an den Wegrändern, sodass im Sommer von den Bordsteinkanten kaum noch etwas zu sehen ist. Das hat tatsächlich besser funktioniert, als wir erwartet hatten. Und manches kann man auch nicht planen: Aus einem Nachbarbeet hat sich die Felsen-Nelke *(Petrorhagia saxifraga)* angesiedelt, die den Weg zur Blütezeit in ein zartes Rosa hüllt.

Felsen-Nelke

Duftender Thymian säumt den Weg

Kies- oder Splittwege mit mineralischem Untergrund sind ein extremer Standort für Pflanzen. Auf ihnen wird herumgetreten, im Sommer ist es heiß und trocken. Doch einige Pflanzen kommen mit diesen Bedingungen hervorragend zurecht und wandern bei uns fleißig durch den Garten. Das Schöne: Sie sind ausgesprochen beliebt bei Insekten. Hier eine kleine Auswahl:

- Frühblühender Thymian *(Thymus praecox)*
- Roter Sand-Thymian (*Thymus serpyllum* 'Coccineus')
- Steinbrech-Felsennelke *(Petrorhagia saxifraga)*
- Scharfer Mauerpfeffer *(Sedum acre)*
- Weißer Mauerpfeffer *(Sedum album)*
- Tripmadam *(Sedum rupestre)*

Dritter Bauabschnitt

Den Eingangsbereich unseres Kleingartens haben wir uns zum Schluss vorgenommen. Hier sollte ein richtig schönes Durcheinander aus unseren gesammelten Pflastersteinen entstehen. Aus Klinkern sowie verschiedenen Beton- und Natursteinen. Verlegt mit ausreichend großen Fugen, damit sich dort Pflanzen ausbreiten können und der Wasserabfluss gewährleistet ist. Eine kleine Herausforderung, denn alle Steine haben unterschiedliche Maße und damit auch Einbindetiefen. Daher durften die bestehenden Platten am Anfang des Weges als Richthöhe liegen bleiben, sodass wir uns am vorhandenen Gefälle orientieren konnten. Dann haben wir uns Stück für Stück vorgearbeitet, immer nur wenige Platten ausgebaut und in den Zwischenräumen die gebrauchten Pflastersteine gesetzt. Je nach Stärke der Steine haben wir die Zwischenräume mit Splitt aufgefüllt, um später eine einheitliche Belagsoberfläche zu bekommen. Die Richtlatte lag vorne und hinten auf den vorhandenen Platten auf und hat damit die Höhe vorgegeben. Die einzelnen Steine und Platten haben wir mit dem Gummihammer festgeklopft. Das ist ausreichend, denn über Fußgänger oder eine Schubkarre geht die Belastung des Weges nicht hinaus.

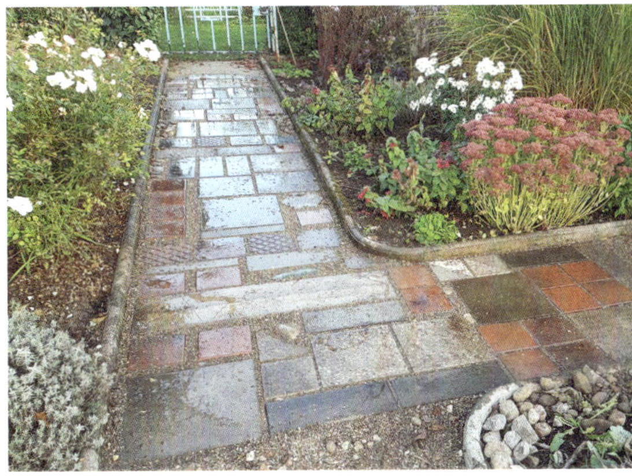

Schritt für Schritt entsteht ein buntes Mosaik aus Klinkern, Beton- und Natursteinplatten

Wege anlegen

Egal, ob man sich für geschwungene oder schnurgerade Wege entschieden hat: Nicht die Form macht die Wege naturnah, sondern die Materialien und die Bautechnik sind entscheidend. Dennoch sollte die Größe des Weges zur Größe des Gartens passen. Kleine Gärten wirken beispielsweise größer, wenn die Wege schmal sind und der Belag aus kleinen Materialien besteht. Damit eine Person gut auf dem Weg laufen kann, rechnet man eine Breite von etwa 60 cm. Eine Schubkarre ist etwa 100 cm breit, das sollte man beim Planen der Wege und der Bereiche daneben ebenfalls berücksichtigen. Um den Materialbedarf zu ermitteln, sollte man sich als Erstes darüber Gedanken machen, wie breit und lang der Weg werden soll. Für einen normalen Gartenweg könnte der Aufbau wie folgt aussehen:

- 12 cm Tragschicht aus Schotter oder Kies der Körnung 0/32,
- 3 cm Bettung aus Sand oder Splitt der Körnung 0/2,
- Deckschicht aus gebrauchten Steinen mit einer Stärke von 8 cm.
- Dann geht es Schritt für Schritt weiter mit dem Bau:
- Verlauf des Weges mit umweltfreundlicher Sprühkreide markieren.
- In regelmäßigen Abständen Eisenstäbe oder Holzpflöcke in die Markierung schlagen.
- An den Stäben die Endhöhe des Weges markieren, dabei das Gefälle beachten, damit sich im Weg keine Pfützen bilden, bei rauen Natursteinen rechnet man mit einem Gefälle von 2,5 bis 3 Prozent.
- Das Gefälle führt das Wasser immer von der Laube weg, beispielsweise in die Beete. Bei einer Terrassenbreite von 2 m liegt die Außenkante der Pflasterfläche daher 5 bis 6 cm tiefer als der Ausgangspunkt an der Laube.
- Wege lassen sich auch über ein Quergefälle entwässern, das heißt, die eine Seite des Weges liegt tiefer als die andere. Dabei muss man darauf achten, dass die tiefere Seite mit dem anstehenden Gelände abschließt oder etwas höher liegt, damit das Wasser auch sicher abfließt.
- Dann wird ausgekoffert, also der anstehende Boden anhand der Dicke des Schichtaufbaus ausgehoben. Bei unserem Beispiel sind es etwa 23 cm.

- ▷ Der Untergrund wird bereits im späteren Gefälle planiert.
- ▷ Tragschicht einbauen und lagenweise mit einem Handstampfer verdichten.
- ▷ Die Bettung verteilen und, bei genormten Steinen, mit einer Latte abziehen und die Deckschicht legen. Natursteinpflaster wird Stein für Stein in die Bettung geklopft und anschließend mit dem Handstampfer verdichtet.

Duftender Weg mit Trittplatten

Einzelne Betonplatten des ursprünglichen Weges haben wir in unserem Kleingarten als Trittplatten wiederverwendet. Sie liegen am Rand zum Nachbargarten. Da die Platten in einer Linie liegen sollten, haben wir als Erstes eine Richtschnur gespannt. Die quadratischen Betonplatten liegen alle im selben Abstand nebeneinander, damit man nicht ins Stolpern kommt. Dabei haben wir uns an einem angenehmen Schrittmaß orientiert, von Plattenmitte zu Plattenmitte 63 cm. Zwischen den Platten haben wir etliche Exemplare des roten Sand-Thymians (*Thymus serpyllum* 'Coccineus') gepflanzt, die mittlerweile zu einer geschlossenen Decke in den Plattenzwischenräumen gewachsen sind. Jeden Sommer aufs Neue ein herrliches Bild mit viel Gesumme.

Die Trittsteine aus den alten Betonplatten führen durch das Beet mit rotem Sand-Thymian

Hochbeet aus alten Betonplatten

Als Idee für unsere Vereinsmitglieder, was sich mit alten Betonplatten anstellen lässt, haben wir auf der Gemeinschaftsfläche der Kleingartenanlage ein Hochbeet gebaut. Denn alte Betonplatten und Pflastersteine sind kein Fall für den Bauschutt! Wenn man die Platten mittig zerschlägt und die rauen Seiten als Ansichtsseite setzt, entsteht ein besonders abwechslungsreiches, fast schon natürliches Bild. Vor allem, wenn im Laufe der Jahre Moose, Algen und Flechten an den Steinoberflächen wachsen. Der Einsatz gebrauchter Betonsteine schont die Umwelt und den Geldbeutel und passt so ideal in einen naturnahen Kleingarten. Werft vor dem Bau eines solchen Hochbeets auf jeden Fall einen Blick in die Gartenordnung eures Kleingartenvereins. Oftmals sind Hochbeete genehmigungspflichtig und müssen bei Pächterwechsel wieder abgebaut werden. Es muss aber kein Hochbeet in Sitzhöhe sein. Als Einfassung für Staudenbeete oder als kleine Trockenmauer eignen sich die gebrochenen Betonplatten genauso gut.

Hochbeet bauen – Schritt für Schritt

So geht ihr beim Bau des Hochbeets aus alten Betonplatten vor:

- ▷ Grundriss des Hochbeets abstecken und Höhe festlegen. Um sich direkt neben die Kräuter setzen und sie genießen zu können, sollte das Beet am Ende etwa 50 cm hoch werden.
- ▷ Bei lockerem Untergrund: Im Bereich der Platten einen etwa 20 cm tiefen Graben in Plattenbreite ausheben, mit Kies füllen und feststampfen.
- ▷ Splitt oder Sand als Ausgleichsschicht auf der gesamten Fläche verteilen und eben planieren.
- ▷ Die erste Reihe Platten waagerecht legen (Wasserwaage).
- ▷ Die folgenden Reihen mit den zerschlagenen Platten im Verbund aufschichten. Das bedeutet, jede Plattenschicht liegt eine halbe Plattenbreite versetzt zur vorherigen (keine Kreuzfugen).
- ▷ Die Platten müssen stabil liegen und dürfen nicht wackeln.
- ▷ Zwischendurch das Hochbeet weiter befüllen: Unten eine etwa 20 cm dicke Schicht Kies als Drainage verteilen. Die Steingartenpflanzen, die hier wachsen sollen, haben nur einen geringen Nährstoffbedarf. Ihnen reicht als Substrat ein Gemisch aus Kies, Sand und Gartenboden, je-

Alte Betonplatten bekommen als Baumaterial fürs Hochbeet ein neues Leben

weils zu gleichen Teilen. Für Pflanzen, die es nährstoffreicher mögen, geben wir zu dieser Mischung noch etwas Kompost.

- Zwischen einigen Platten Lücken lassen und diese mit Mauerpfeffer oder Thymian bepflanzen. Wichtig: Die Wurzelballen brauchen Anschluss an das dahinterliegende Bodengemisch.
- Für die oberste Reihe breite Platten wählen, damit man bequem sitzen kann.
- Das Hochbeet bepflanzen. Hier kommen vor allem anspruchslose Stauden und Kräuter infrage: für einen sonnigen Platz beispielsweise Alpen-Steinquendel *(Acinos alpinus)*, Scharfer Mauerpfeffer *(Sedum acre)*, Sand-Thymian *(Thymus serpyllum)* oder Hauswurz *(Sempervivum)*.
- Nach dem Pflanzen gut angießen, danach kann man die Pflanzen sich selbst überlassen.

Der Patchwork-Sitzplatz

Im Laufe der Zeit hatte sich in unserer Parzelle ein beachtlicher Vorrat an Natursteinplatten, Klinkern und Betonresten angesammelt. Das Material kam aus unserem Garten, von Nachbarn oder wir haben es über Kleinanzeigen bekommen. Und aus diesem Materialmix ist ein Bodenbelag für den Sitzplatz samt kleiner Trockenmauer geworden. Die Trockenmauer haben wir als Sitzmauer an zwei Seiten angelegt, sodass der Blick in den Garten frei bleibt. Der Bauablauf entspricht dem des Weges im Eingangsbereich (siehe Seite 82) und des Hochbeets. Beim Sitzplatz musste ebenfalls jede Platte einzeln gelegt werden. Da einige Platten durch ihre Maße von 50 cm × 60 cm × 8 cm extrem schwer waren, haben wir die Platten erst mal als Test auf unserer befestigten Sitzfläche an der Gartenlaube in der Größe des späteren Sitzplatzes ausgelegt. Dort konnten wir die Platten leichter hin- und herschieben und entscheiden, welche Platte an welchen Platz kommt. Die Fläche haben wir dann Stück für Stück an den neuen Sitzplatz übertragen. Dieses Vorgehen erschien uns leichter, als das Muster an Ort und Stelle auszutüfteln, da sich die Platten in der Bettung des neuen Platzes nicht so leicht verschieben ließen.

In den breiten Fugen zwischen den Platten kann Wasser versickern und dort wachsen Thymian, Mauerpfeffer und Rundblättrige Glockenblume; in der Mauer Mauerpfeffer und Tripmadam.

Blick vom Sitzplatz über unser Gemüsebeet in den Nachbargarten

Der Materialmix aus selbst verlegten Platten und Klinkern macht unseren Sitzplatz so besonders. Hier sitzen wir gerne abends auf der kleinen Mauer.

Kleine Dächer als Lebensraum

Im naturnahen Kleingarten versuchen wir, auch auf kleinster Fläche Lebensräume zu schaffen. Wie mit einer Dachbegrünung. Etwas aufwendiger ist das auf dem Dach der Laube, einfacher auf kleinen Dächern von Vogelhäuschen oder Nisthilfen.

Im ersten Schritt deckt ihr das Dach mit Dachpappe oder Teichfolie (EPDM-Folie) ab. Egal, welche Form euer Vogelhäuschen oder eure Nisthilfe hat, das Dach braucht eine Aufkantung, damit das Substrat auf dem Dach liegen bleibt. Dafür schraubt ihr einfach ringsum Holzleisten mit einer Stärke von 3 bis 4 cm an. An der Längsseite bzw. an der tiefsten Stelle lasst ihr einen kleinen Spalt, damit Wasser ablaufen kann. Dann folgt eine Schicht Vlies und ihr könnt auffüllen. Ihr nehmt entweder handelsübliches Substrat für extensive Dachbegrünungen oder ihr mischt das Substrat selber aus Tonsplitt, Sand und etwas Gartenboden zu gleichen Teilen. Wenn der Platz es hergibt, könnt ihr jetzt noch kleine Totholzstückchen oder Steine auf der Dachfläche platzieren, dann kommen die Pflanzen. Für eine Begrünung mit einem so niedrigen Substrataufbau eignen sich Hauswurz-Arten *(Sempervivum)* oder das Felsenblümchen *(Draba aizoides)*. Das Vogelhäuschen oder die Nisthilfe kommen nun nicht gleich an ihren endgültigen Platz, sondern bleiben für zwei bis drei Wochen an einem sonnigen bis halbschattigen Platz und die Pflanzen werden in der Zeit regelmäßig gegossen. Sind die Pflanzen eingewurzelt, wird das Häuschen aufgestellt oder aufgehängt.

Die Pflege der kleinen Dachbegrünungen ist nicht kompliziert. Wenn unerwünschte Beikräuter oder sogar Gehölzsämlinge auftauchen, werden diese rechtzeitig gejätet. Bei lang anhaltender Trockenheit von mehr als vier bis fünf Wochen sollte wegen des geringen Substrataufbaus ein wenig gegossen werden, auch wenn die gewählten Pflanzen hart im Nehmen sind.

Ein begrüntes Bücher- und Tauschhäuschen in Dresden

Die Kür – naturnahe Gestaltungselemente

Jetzt können wir uns überlegen, wie wir noch mehr Naturerlebnisse in den Kleingarten holen. Wie können wir unsere Parzelle so gestalten, dass sich darin möglichst viele Tiere wohlfühlen? Für die naturnahen Elemente braucht ihr nicht zwingend viel Platz, es zählt jeder Quadratmeter. Und wenn jeder Kleingarten in eurer Anlage mitmacht, könnt ihr ein dichtes Netz an Rückzugs- und Nahrungsangeboten für Wildbienen, Schmetterlinge, Vögel und andere Tiere bieten. Für einige naturnahe Elemente braucht ihr Material und Muskelkraft, für andere Elemente müsst ihr einfach nur weniger oder gar nichts mehr tun. Und ganz egal, ob ihr einen geradlinigen oder einen eher verwunschenen Kleingarten habt, für jeden Gestaltungstyp gibt es Lösungen. Und falsch machen könnt ihr auch nichts. Ihr braucht nur Geduld. Es kann durchaus dauern, bis sich die ersten Tiere in eurem Garten einfinden. Aber es lohnt sich! Los geht's!

Mehr Fläche: Aus zwei mach eins!

Wenn ihr eure direkten Nachbarn überzeugen könnt, startet doch ein »grenzübergreifendes« Projekt. Wenn eure Gärten nicht durch einen Zaun oder eine Hecke getrennt sind, stellt jeder eine kleine Fläche seiner Parzelle zur Verfügung. Legt auf der Gartengrenze beispielsweise einen gemeinsamen Totholz-, Stein- oder Reisighaufen an. Eine Hälfte bei euch, eine Hälfte bei euren Nachbarn. Das hat zwei Vorteile: Es entsteht ein größerer Lebensraum und jeder Garten für sich wirkt optisch offener. Aber werft auch hier wieder einen Blick in die örtliche Gartenordnung. Im Zweifel fragt ihr beim Vorstand nach, ob es Vorgaben in Sachen Grenzgestaltung gibt. Und in der Regel müssen diese Haufen bei der Übergabe der Gärten wieder entfernt werden.

◄ Der Übergang zwischen unserer Parzelle und dem Nachbargarten ist naturnah angelegt

Stauden und Wildblumen im Kleingarten

Platz ist im Kleingarten kostbar, vor allem, wenn die Parzelle nur 250 Quadratmeter groß ist. Aber auch auf kleinen Flächen lassen sich abwechslungsreiche, insektenfreundliche und vielfältige Beete anlegen. In unserer Parzelle gibt es Staudenbeete in der Sonne, im Halbschatten und im Schatten. Im naturnahen Kleingarten achten wir darauf, dass dort möglichst viele heimische Pflanzen aus verschiedenen Pflanzenfamilien wachsen. So können wir sehr vielen Insekten Nahrung bieten. Viele Insekten sind auf bestimmte Pflanzen oder Pflanzenfamilien spezialisiert. So sammelt beispielsweise die Natternkopf-Mauerbiene selbst bei einer Vielfalt an Pflanzenarten ausschließlich Nahrung am Natternkopf, man bezeichnet das als »oligolektisch«. Demgegenüber stehen die Generalisten wie etwa die Erdhummel. Sie sind nicht wählerisch und nutzen den Pollen und Nektar verschiedener Pflanzenfamilien, »polylektisch«.

Für Vielfalt sorgen wir in den Blumenbeeten, aber auch im Gemüsegarten. Beispiele für eine vielfältige Auswahl: Korbblütler (Ochsenauge, Schwert-Alant), Doldenblütler (Fenchel, Wilde Möhre), Malvengewächse (Wilde Malve), Geißblattgewächse (Jelängerjelieber, Rote Heckenkirsche), Glockenblumen, Lauchgewächse (Schnittlauch), Nelkengewächse (Taubenkropf-Leimkraut), Lippenblütler (Wiesen-Salbei, Ziest), Storchschnabelgewächse (Blut-Storchschnabel, Wiesen-Storchschnabel) oder Raublattgewächse (Natternkopf, Lungenkraut).

Nicht nur an die Blüten denken

Im Ziergarten wählen wir Pflanzen ja meist nach ihren Blüten aus. Diese sind hübsch und wir können Wildbienen, Wespen, Schwebfliegen und Schmetterlinge beim Sammeln von Nektar und Pollen beobachten. Die Pflanzen im naturnahen Kleingarten sollen aber noch mehr können. Möglichst jede Pflanzenetage soll Tieren nutzen. Schmetterlingslarven und Käfer fressen an Blättern, Stängeln oder Wurzeln, Wanzen und Läuse saugen Pflanzensaft, Gallmücken oder Gallwespen leben in Blättern, Früchten, Samen, Blütenköpfen oder Gallen. Angefressene, löchrige und eingerollte Blätter empfindet man leicht als unerwünschten Makel. Das ist übrigens auch ein Grund, warum exotische Pflanzen im klassischen Garten so beliebt sind. Sie werden im Vergleich zu heimischen Arten in der Regel weniger von Insekten »befallen«. Die bei uns heimischen Insek-

Unser sonniges Staudenbeet im Sommer

ten können mit ihnen nichts anfangen. Für uns sind diese »Schäden« aber ein Zeichen, dass die Pflanzen von verschiedenen Insekten angenommen werden. Natürlich können auch Pflanzen aus Nordamerika oder Asien ihren Platz im Staudenbeet bekommen, solange sie nicht zu den problematischen Neophyten gehören (siehe Seite 98). Aber im naturnahen Kleingarten sollten wir immer auch die Tiere im Blick haben und ihnen viele heimische Pflanzen bieten.

Pflanzen kaufen

Die Pflanzen für unsere Parzelle haben wir bei verschiedenen Staudengärtnereien besorgt. Dort stehen die Stauden das ganze Jahr über im Freien und sind dementsprechend robust. Eine Auswahl an Gärtnereien, mit denen wir gute Erfahrungen gemacht haben, findet ihr im Anhang (siehe Seite 183). Es wäre schön, bald auch in größeren Gartencentern eine breite Palette an biologisch produzierten, heimischen Wildstauden zu finden. Auf der Homepage der Kampagne »Tausende Gärten – Tausende Arten« könnt ihr euch einen Überblick verschaffen, wo bereits heimische Wildpflanzen angeboten werden (Adresse siehe Seite 184).

Offenes Konzept der KGA Aronia in Dresden

»Unser naturnaher Kleingarten hält für uns und andere stets Überraschungen bereit und lässt uns gemeinsam mit der Natur wachsen.«

Seit 2018 widmen sich Antje Krüger (1. Vorsitzende) und Sven-Karsten Kaiser (Gartenfachberater) einem ganz besonderen Projekt: dem Neubau einer kompletten Kleingartenanlage mit 20 Parzellen nach naturnahen Richtlinien. Entstanden auf einer Ausgleichsfläche für aus Hochwasserschutzgründen aufgegebene Gärten in anderen Anlagen.

Im Dresdner Stadtteil Großzschachwitz liegt die 6000 Quadratmeter große Anlage Aronia, die alles andere als eine klassische Kleingartenanlage ist. Es gibt zwar einen zentralen Hauptweg, die Parzellen links und rechts scheinen aber wie zufällig verstreut. Denn es gibt keine Zäune. Und das soll nach Sven-Karsten Kaiser auch so bleiben: »Wir wollen die Wege mit Beerenobst-Sträuchern oder Hügelbeeten begrenzen.« Hier gibt es kaum versiegelte Flächen, viel Totholz, Trockenmauern, Mischkultur, eben die ganze Bandbreite naturnahen Gärtnerns. Der Hauptweg besteht aus einer Reihe Betonplatten, die an den Seiten von einem Mix aus verschiedenen Pflasterarten flankiert werden. Das lockert den eigentlich schnurgeraden Weg spürbar auf.

Der Vorteil der jungen Anlage: In Sachen naturnahe Gestaltung konnten Antje und Sven-Karsten mit dem Stadtverband Dresdner Gartenfreunde e.V. hier von Anfang an

die richtigen Wege einschlagen und mussten nicht eine vorhandene Anlage »umbauen«. Das umweltgerechte Gärtnern war sogar Teil des Konzepts für die Anlage: »Jeder Kleingärtner ist verpflichtet, sich die hierzu erforderlichen Kenntnisse anzueignen und umzusetzen«, heißt es in der Gartenordnung.

Das heißt, die bisherigen und alle zukünftigen Pächterinnen und Pächter müssen das Konzept mittragen und leben. Und selbst an die Lichtverschmutzung wurde gedacht: »Ein weiterer Schutz ist vor starkem Licht erforderlich. Die Beleuchtung der Parzellen und der Anlage soll die Ruhe der Tiere möglichst nicht stören bzw. nachtaktive Tiere nicht anlocken.«

Jede der bisher vergebenen 150 bis 300 Quadratmeter großen Parzellen sieht anders aus. Die Übergänge zwischen den Parzellen sind fließend, kein Grundstück scheint hier einen rechteckigen Zuschnitt zu haben, wie man es aus anderen Anlagen kennt. So wirkt alles frei und offen, wie ein großer Park. Diese Freiheit gilt auch für die Lauben. Ob verwunschenes Märchenhaus oder im Stil eines nordamerikanischen Farmhauses – so ungewöhnlich sie aussehen, sie alle halten sich an die im Konzept vorgeschriebene Größe von maximal 16 Quadratmeter Grundfläche. Wiederverwertung wird hier von Anfang an großgeschrieben. Die Laube, die Sven-Karsten für Antje gebaut hat, besteht unter anderem auch aus gebrauchten Fenstern, alten Türen und sogar Bettpfosten. Das erkennt man aber nur, wenn man genau hinschaut.

Invasive Neophyten

Kanadische Goldrute, Drüsiges Springkraut, Japanischer Staudenknöterich oder Sommerflieder: Sie zählen zu den invasiven Neophyten. Gebietsfremde Pflanzen, die den einheimischen Arten massiv den Lebensraum streitig machen. Wir finden sie auch häufig in Kleingärten. Ein Problem, denn dort bleiben sie oft nicht. Wir pflanzen deshalb in unserem Garten keine invasiven Neophyten.

Was sind Neophyten?

Als Neophyten bezeichnen Botaniker Pflanzen, die beabsichtigt oder unbeabsichtigt vom Menschen in Gebiete gebracht wurden, in denen sie vorher nicht vorkamen. Der Begriff »Neophyten« beschreibt ausschließlich Gewächse, die nach der Entdeckung Amerikas 1492 eingeführten wurden. Nicht einheimische Pflanzen, die vorher verbreitet wurden, nennt man Archäophyten. Nach 1492 kamen mit dem zunehmenden Warenverkehr zwischen den Kontinenten zahlreiche Pflanzen in neue Lebensräume. Die meisten wurden als Zier- und Nutzpflanzen bewusst mitgebracht, andere kamen als blinder Passagier in Getreide- und Saatgutmischungen.

Was können Neophyten besser als andere?

Die meisten Neophyten breiten sich deshalb so stark aus, weil sie mit den hiesigen Standortbedingungen gut klarkommen. Es fehlen aber Fraßfeinde, die den Bestand im Zaum halten. Außerdem keimen und wachsen sie schnell und produzieren viele Samen, die sowohl vom Wasser oder auch vom Wind verbreitet werden. Einige Arten bilden durch Wurzelausläufer große Bestände und können aus jedem noch so kleinen Wurzelstück wieder austreiben. Einige Neophyten können sogar die Standorteigenschaften eines Lebensraums verändern. Robinien oder Lupinen sind etwa in der Lage, Stickstoff aus der Luft zu binden. Magere Standorte werden so Schritt für Schritt nährstoffreicher und die Pflanzengesellschaft verändert sich. Viele Neophyten gelten in Deutschland als problematisch.

Ambrosia

Japanischer Staudenknöterich (links) und Springkraut (rechts)

Sie verdrängen einheimische Arten, bringen ganze Pflanzengesellschaften durcheinander und sind teilweise sogar eine Gefahr für die Gesundheit, wie der Riesen-Bärenklau *(Heracleum mantegazzianum)* oder Ambroisa *(Ambrosia artemisiifolia)*. Eine Liste mit Neophyten und der Bewertung ihrer Invasivität findet ihr beim Bundesamt für Naturschutz: https://neobiota.bfn.de/invasivitaetsbewertung/gefaesspflanzen.html

Vollsonnig? Absonnig? Halbschattig? Lichtverhältnisse beurteilen

Wenn ihr Stauden kauft, ist auf den Etiketten in der Regel angegeben, wie viel Licht die Pflanzen brauchen. Meist in drei Abstufungen: sonnig, halbschattig oder schattig. Dazwischen gibt es aber auch noch kleine Übergänge.

Vollsonnig: Hier sind die Pflanzen von morgens bis abends der Sonne ausgesetzt.

Sonnig: Hier stehen die Pflanzen sechs bis acht Stunden in der Sonne, vom späten Vormittag bis zum späten Nachmittag.

Absonnig: Hier ist es zwar hell, während der Mittagsstunde gibt es aber weder direkte Sonne noch direkten Schatten.

Halbschattig: Hier gibt's rund vier Stunden Sonne, allerdings nicht während der Mittagszeit, eher indirektes Licht.

Lichtschattig: Hier scheint die Sonne durch die lichte Krone eines Baumes oder durch Zäune, Gitter oder eine Pergola.

Schattig: Unter Bäumen ohne direktes Sonnenlicht.

Vom Rasen zum Staudenbeet

Das erste Staudenbeet, das wir in unserer Parzelle nach der Übernahme angelegt haben, liegt an einer sonnigen Stelle direkt vor der Laube und hat eine Fläche von etwa acht Quadratmetern. Anstelle des vorhandenen Rasens sollte ein Staudenbeet entstehen, mit zahlreichen insektenfreundlichen Pflanzen. Hier die einzelnen Arbeitsschritte zur Anlage unseres Beetes im Überblick:

- Pflanzfläche mit Schnüren markieren,
- Rasensoden abstechen und lagern (Grundlage für ein weiteres Staudenbeet im Schatten),
- Boden mit der Grabgabel lockern,
- dabei unerwünschte Pflanzen wie Giersch oder Quecke samt Wurzel entfernen,
- Sand einarbeiten, um den fetten Gartenboden zu lockern und abzumagern.
- Fläche planieren.
- Stauden in einen Eimer mit Wasser tauchen, damit sich der Ballen vollsaugen kann.
- Stauden auf der Fläche ausstellen und Standort festlegen.
- Zu dichte Wurzelballen mit einem scharfen Messer anritzen, so kann die Staude besser anwachsen.
- Stauden pflanzen und den Topf umgedreht über die Pflanze stellen, damit das Saatgut, das wir im nächsten Schritt aussäen, nicht zu nah an der Staude landet.
- Nelken-Leimkraut als einjährigen Lückenfüller säen.
- Töpfe entfernen und wässern.

Rechte Seite ►
Oben: Nach dem Entfernen des Rasens wird der Boden gelockert und Sand untergemischt. Nun kann der Standort der einzelnen Pflanzen markiert werden.
Mitte: Werden die Töpfe vor dem Einpflanzen erst einmal auf dem Beet verteilt, kann die genaue Position noch mal geändert werden.
Unten: Drei Monate nach der Pflanzung blühen Glockenblumen, Steppen-Salbei und Ochsenauge.

Das Staudenbeet 15 Monate nach der Pflanzung

Die Pflanzenauswahl

Die ausgewählten Stauden sind heimisch (oder Sorten heimischer Pflanzen), robust, insektenfreundlich und ausgesprochen pflegeleicht. Wir haben uns auf wenige Gattungen beschränkt, diese aber in größerer Stückzahl gepflanzt, um für Insekten, die diese Pflanzen bevorzugen, ein möglichst großes Blüten- und Nahrungsangebot zu schaffen. Die erste Beetgemeinschaft sah so aus:

- 9 × Ochsenauge *(Buphthalmum salicifolium)*
- 3 × Knäuel-Glockenblume *(Campanula glomerata)*
- 10 × Pfirsichblättrige Glockenblume *(Campanula persicifolia)*
- 12 × Blut-Storchschnabel *(Geranium sanguineum)*
- 7 × Steppen-Salbei (*Salvia nemorosa* 'Mainacht')
- 1 Portion Saatgut für 3 m² vom Nelken-Leimkraut *(Silene armeria)*

Stauden pflanzen im Detail

Nach der Bodenvorbereitung stellt ihr die Pflanzen auf der Fläche aus. Hohe Stauden brauchen mehr Platz, kleine Stauden setzt ihr enger zusammen. In Staudenbüchern oder in Pflanzenkatalogen findet ihr für jede Staude die Angabe: Stück pro Quadratmeter. Daraus ergibt sich der Abstand und die Menge der Pflanzen, die ihr für eine bestimmte Fläche und für ein stimmiges Bild benötigt.

In der Regel wird bei der Bepflanzung unterschieden zwischen Leitstauden (1 bis 3 Stauden/m^2), Begleitstauden (4 bis 6 Stauden/m^2), niedrigen Begleitstauden (5 bis 8 Stauden/m^2), bodendeckenden und zwergigen Stauden (9 bis 16 Stauden /m^2). Eine gröbere Faustregel besagt: Die Hälfte der endgültigen Höhe ergibt den Pflanzabstand.

Fasst ihr beim Platzieren die Stauden in kleinen Gruppen zusammen, ergibt sich am Ende ein harmonisches Bild im Beet. Beim Ausstellen der Pflanzen solltet ihr euch ruhig Zeit lassen. Am Anfang sieht das Ganze noch ziemlich lückig aus, lasst euch davon nicht täuschen und setzt die Stauden nicht zu eng. Passt alles, geht's ans Pflanzen. Sitzt die Pflanze fest im Topf, den Pflanztopf leicht zusammendrücken und mit einem leichten Schlag auf den Topfboden die Pflanzen vorsichtig herausnehmen. Zu dichte Wurzelballen könnt ihr mit einer Schere oder einem Messer leicht anritzen. An der Stelle bildet die Staude neue Feinwurzeln und kann besser anwachsen. Bei Bedarf entfernt ihr die oberen Zentimeter des Ballens, falls dort unerwünschte Pflanzen wachsen. Dann das Pflanzloch großzügig ausheben. Normalerweise heißt es, dass die Pflanzen so tief gesetzt werden, wie sie vorher im Topf standen. Habt ihr den Boden aber vorher gelockert oder aufgeschüttet, könnt ihr die Stauden ruhig etwas tiefer setzen. Denn der Boden sackt bei Regen immer noch ein bisschen nach. Und die Wurzelhälse der Pflanzen sollen nicht frei liegen. Zum Schluss den Boden um die Pflanze gut andrücken und alles gießen, damit sich der Boden um die Wurzeln spült.

Von »Stück pro Quadratmeter« zum »Pflanzabstand«:

1 Stück / m^2 – 80-100 cm
2 Stück / m^2 – 60-70 cm
4 Stück / m^2 – 50 cm
6 Stück / m^2 – 40 cm
8 Stück / m^2 – 35 cm
11 Stück / m^2 – 30 cm
16 Stück / m^2 – 25 cm

Mit einem Raster (beispielsweise mit Quadraten von 50 × 50 cm), das ihr mit Sand auf das Beet streut, ist das Ausstellen der Stauden im richtigen Pflanzabstand leichter.

Die Pflege unseres Staudenbeetes

Dieses Beet braucht nicht viel Pflege. In den ersten Monaten nach der Anlage haben wir bei längeren Trockenphasen noch gegossen. Außer in ganz heißen Sommern sparen wir uns das mittlerweile. Zum Austrieb der Stauden jäten wir das Beet einmal durch, um unerwünschte Pflanzen zu entfernen. Das sind vor allem Giersch, Quecke und die Indische Scheinerdbeere. Die Indische Scheinerdbeere *(Potentilla indica)* wächst bei uns an mehreren Stellen im Garten und kann durch ihre Ausläufer schnell lästig werden.

Indische Scheinerdbeere

Zum Schnitt der Stauden: Das Laub des Blut-Storchschnabels bekommt bei uns im Laufe des Jahres irgendwann Blattflecken, dann schneiden wir ihn komplett zurück. Er treibt dann wieder frisch aus, blüht aber meist kein zweites Mal. Anders ist das beim Steppen-Salbei.

Mit der Schere die Blütezeit verlängern

Stauden wie Katzenminze und Steppen-Salbei können zweimal im Jahr blühen. Dafür schneiden wir sie nach der ersten Blüte komplett zurück. Nach kurzer Zeit treiben die Stauden wieder aus und bilden erneut Blüten. Bei Herbst-Astern beispielsweise lässt sich die Blütezeit mit dem sogenannten »Vorblüteschnitt« verlängern. Dabei entfernt man im Juni *einen Teil* der Triebspitzen einer Pflanze. Daraufhin verzweigen sich die Pflanzen unterhalb der Schnittstelle, die Horste bleiben kompakter und standfester und der Blühzeitpunkt wird nach hinten verschoben.

Wie ging's weiter?

Drei Jahre nach der Anlage unseres ersten Staudenbeetes (siehe Seite 100) sind die beiden Glockenblumenarten verschwunden, dafür haben sich die verbliebenen Pflanzen gut ausgebreitet. Das zuverlässige Gerüst bilden Ochsenauge, Steppen-Salbei und Blut-Storchschnabel. Das Beet sieht dennoch jedes Jahr ein bisschen anders aus, da noch mehr Pflanzenarten dazugekommen sind – entweder bewusst gepflanzt oder durch Selbstaussaat aus den Nachbarbeeten. Daher wachsen jetzt auch Rundblättrige Glockenblume, Karthäuser-Nelke, Schwert-Alant, Färber-Hundskamille, eine Goldgarbe und Natternkopf in dem Beet. Und es sind einige Frühlingsgeophyten dazugekommen, etwa die Netzblatt-Iris oder die Weinberg-Tulpe. Die Beetgemeinschaft heute:

- Goldgarbe (*Achillea filipendulina* 'Coronation Gold')
- Färber-Hundskamille *(Anthemis tinctoria)*
- Ochsenauge *(Buphthalmum salicifolium)*
- Rundblättrige Glockenblume *(Campanula rotundifolia)*
- Karthäuser-Nelke *(Dianthus carthusianorum)*
- Natternkopf *(Echium vulgare)*
- Blutroter Storchschnabel *(Geranium sanguineum)*
- Schwert-Alant *(Inula ensifolia)*
- Steppen-Salbei (*Salvia nemorosa* 'Mainacht')
- Quirlblütiger Salbei (*Salvia verticillata* 'Hannay's Blue')

Manchmal passt's halt nicht

Da man selbst in einem Kleingarten schnell den Überblick verlieren kann, was man alles gepflanzt hat, haben wir jeden pflanzlichen Neuzugang seit Januar 2019 in eine Liste eingetragen. Stand 2024 müssten laut Liste in unserem Garten 83 verschiedene Stauden, 15 verschiedene Geophyten sowie elf Gehölze und Kletterpflanzen wachsen. Dazu kommen noch einige ein- und zweijährige Arten. Die Realität sieht allerdings anders aus. Beim Vergleich Liste – Garten stellen wir fest, dass einige Stauden nicht mehr da sind. Aber das ist auch nicht schlimm. Wir haben es schließlich mit lebenden Pflanzen zu tun. Selbst wenn wir den Standort laut Lehrbuch optimal gewählt und den Boden entsprechend vorbereitet haben, kann es sein, dass eine Staude sich einfach nicht wohlfühlt. Aber das gehört beim Gärtnern dazu: auch mal zu scheitern.

Beet anlegen, ohne Rasen abzustechen – Erfahrungen des Staudengärtners Till Hofmann

Zugegeben, diese Methode ist nur zu empfehlen, wenn ihr mit einem Anhänger in die Nähe eures Kleingartens fahren könnt. Denn hier wird einiges an Material benötigt. Für fünf bis sechs Quadratmeter rechnet man einen guten Kubikmeter Sand, in dem die Stauden wachsen werden. Bei größeren Gärten setzen Naturgärtnerinnen und Naturgärtner neben Sand auch auf recycelten Bauschutt, Mineralbeton oder Kies als Pflanzmedium. Je nachdem, was gut verfügbar ist und ohne lange Wege angeliefert werden kann. Bei dieser Methode müsst ihr die Rasensoden nicht abstechen. Lediglich Pflanzen wie Ampfer oder Giersch müsst ihr komplett entfernen. Danach mäht ihr die Fläche mit einem tief gestellten Rasenmäher ab. Damit der Sand nicht abrutscht, braucht das Beet eine 15 bis 20 cm hohe Einfassung aus Brettern, Stämmen oder Natursteinen. Welcher Sand zum Einsatz kommt, hängt von der Verfügbarkeit ab. Es eignen sich Estrichsand in den Körnungen 0/8 oder 0/16, Schotter 0/32 oder unbelasteter, recycelter Bauschutt 0/32, die in einer Höhe von 15 bis 20 cm aufgeschüttet werden. Dann die Fläche planieren, die Pflanzen ausstellen und einsetzen. Dazu die die Stauden so tief setzen, dass am Ende eine fingerdicke Schicht Sand über dem Wurzelballen liegt. Zum Schluss gut wässern.

Staudengärtner Till Hofmann aus dem unterfränkischen Rödelsee praktiziert diese Methode schon lange. Sie hat seiner Erfahrung nach folgende Vorteile:

- Verrottet der Rasen unter dem Sand, werden Nährstoffe freigesetzt, die den Stauden zur Verfügung stehen.
- Im Sand bilden die Stauden auf der Suche nach Nährstoffen und Wasser mehr Wurzeln als in fetten Gartenböden, da sie der Trockenheit entkommen wollen. Durch das tiefe Wurzelwerk werden sie extrem trockenheitsresistent.
- Sobald die Pflanzen in die unter dem Sand liegenden Bodenschichten gewachsen sind, muss nicht mehr gewässert werden, denn unter dem Sand bleibt es feucht.
- Unerwünschte Pflanzen keimen nur schwer und lassen sich bei Bedarf leicht aus dem Sand herausziehen.

Dieses Sandbeet hat eine Einfassung aus Reisig und kann jetzt bepflanzt werden

In unserem Schattenbeet (rechts) fädeln sich die zarten Blüten der Sternmiere zwischen das Lungenkraut (links) und den Straußenfarn (Mitte)

Staudenbeet im Halbschatten

Im Eingangsbereich unserer Parzelle haben wir hinter der Ligusterhecke etliche Rasensoden gestapelt, die wir beim Anlegen des Gemüsegartens abgestochen hatten. Umgedreht aufgeschichtet, ist daraus im Laufe mehrerer Monate ein idealer Boden entstanden. Eingefasst haben wir das so entstandene Beet mit Stammabschnitten einer Birke, die im Außenbereich der Anlage gefällt werden musste. Die Einfassung ist nicht von Dauer, aber das ist auch so gewollt. Mittlerweile zeigen sich an den Stämmen Fruchtkörper des Birkenporlings *(Fomitopsis betulina)*, einem holzzersetzenden Pilz. Das Beet liegt im Halbschatten und hat einen humosen und recht durchlässigen Boden.

Unsere Pflanzliste für fünf Quadratmeter:

- 8 × Genfer Günsel *(Ajuga genevensis)*
- 3 × Große Sterndolde *(Astrantia major)*
- 3 × Heil-Ziest *(Betonica officinalis)*
- 4 × Nesselblättrige Glockenblume *(Campanula trachelium)*
- 4 × Gelber Lerchensporn *(Corydalis lutea)*
- 3 × Brauner Storchschnabel *(Geranium phaeum)*
- 6 × Nachtviole *(Hesperis matronalis)*
- 3 × Schmalblättriges Lungenkraut (*Pulmonaria dacia* 'Azurea')
- 3 × Große Sternmiere *(Stellaria holostea)*

Natternkopf (links) und Glockenblumen (rechts) laden Wildbienen in den Garten ein

Unsere Lieblingspflanzen für sonnige Standorte

Jede Pflanze in unserem Kleingarten ist auf ihre eigene Weise etwas Besonderes. Von einigen allerdings sind wir so begeistert, dass sie etwas mehr Platz in diesem Kapitel verdient haben. Die vorgestellten Pflanzen sind nicht nur hübsch, sie ziehen auch etliche Insekten an, versamen sich von allein und tauchen so an vielen Stellen im Garten auf. Diese Stauden, zwei- und einjährigen Pflanzen »funktionieren« einfach gut in unserer Parzelle. Hier unsere fünf Favoriten für sonnige Standorte:

Der Tausendsassa

❶ Natternkopf – *Echium vulgare* (Raublattgewächse)

Allein die Fakten, die man in der Fachliteratur findet, machen den Natternkopf zum unverzichtbaren Kandidaten für einen naturnahen Garten. Über 40 Schmetterlingsarten und über 30 Wildbienenarten besuchen den Natternkopf. Für die Natternkopf-Mauerbiene *(Osmia adunca)* ist der Natternkopf sogar überlebenswichtig, denn er ist ihre alleinige Nahrungsquelle. Verschwindet diese Nahrungspflanze, verschwindet auch die spezialisierte Wildbiene.

Der Natternkopf macht es uns im Garten leicht. Er bevorzugt zwar einen kiesigen, durchlässigen Boden, wächst bei uns aber auch im nährstoffreichen Gemüsebeet. Die am Ende gut einen Meter hohe, zweijährige Pflanze bildet im ersten Jahr eine Blattrosette und blüht im darauffolgenden Jahr. Dann blüht sie von Juni bis meist in den September hinein. Der Natternkopf bildet reichlich Samen und taucht so jedes Jahr an anderen Stellen im Garten auf. Hat er sich eine für uns falsche Stelle ausgesucht, sollte er rechtzeitig gejätet werden, denn der Natternkopf bildet eine tiefe Pfahlwurzel. Beim Entfernen trockener Stängel sind Handschuhe Pflicht, denn die Pflanze ist ausgesprochen piksig.

Zierlicher Schlafplatz

❷ Rundblättrige Glockenblume – *Campanula rotundifolia* (Glockenblumengewächse)

Die Rundblättrige Glockenblume ist ein Phänomen. Fühlt sie sich einmal im Garten wohl, wandert sie auch in die kleinste Fuge und schlägt bis zu 120 cm tiefe Wurzeln. An unserem Patchwork-Sitzplatz hat sie sich in den letzten Jahren zu einem stattlichen Exemplar entwickelt. In ihren Blüten, und das gilt für viele Glockenblumenarten, übernachten häufig kleine Wildbienen wie die Glockenblume-Scherenbiene *(Chelostoma rapunculi)*. Diese Wildbienenart ist zudem auf Glockenblumen spezialisiert. Die Weibchen nutzen im Garten auch gerne Nisthilfen, in ihre Nestverschlüsse sind oft kleine Kieselsteine mit eingebaut. Die Rundblättrige Glockenblume wird etwa 30 cm hoch, blüht ab Juni und dann meist bis spät in den Herbst hinein.

Für Sonne und Halbschatten

❸ Blut-Storchschnabel – *Geranium sanguineum* (Storchschnabelgewächse)

Der Blut-Storchschnabel hat sich bei uns als Bodendecker sowohl im sonnigen Staudenbeet als auch im Halbschatten bewährt. Er wird bis zu 50 cm hoch und kriecht mit Rhizomen durch die Beete. Wildbienen, Schwebfliegen und Schmetterlinge sind zur Blütezeit regelmäßig an der Staude unterwegs. Seine Blütezeit beginnt ab Ende Mai und reicht bis in den Herbst. Die Blätter färben sich im Jahresverlauf rot. Werden sie unansehnlich, schneiden wir die Pflanze einfach bodennah zurück. Sie treibt dann wieder frisch aus.

Goldener Blütenkranz

❹ Ochsenauge – *Buphthalmum salicifolium* (Korbblütler)

Das Ochsenauge ist zur Blütezeit von Juni bis September der strahlend gelbe Hingucker im Staudenbeet. Die Staude wird bis zu 50 cm hoch, versamt sich mäßig und ist absolut anspruchslos. Schmetterlinge und Wildbienen

lieben die Pflanze, vor allem die Löcherbienen können sich von den Blüten kaum trennen. Sie sind auf Korbblütler spezialisiert. Kreisförmig bewegen sie sich auf der Blüte, um an den Pollen in den Röhrenblüten zu gelangen.

Die Zauberpflanze

❺ Nelken-Leimkraut – *Silene armeria* (Nelkengewächse)
Das einjährige Nelken-Leimkraut haben wir direkt ins Staudenbeet gesät. Wenn im Beet genug freie Flächen vorhanden sind, samt es sich irgendwann von alleine aus und bildet zur Blütezeit von Juni bis August pinke Blütenwolken. Vor allem Schmetterlinge haben es auf die Blüten abgesehen. Wenn ihr mit den Fingern unter den Blütenansatz fasst, fühlt ihr eine klebrige Stelle. Daher hat das Nelken-Leimkraut seinen Namen.

Unsere Lieblingspflanzen für schattige Standorte

Und dies sind die Favoriten aus unseren zwei Beeten im Halbschatten:

Breitmacherin

❻ Große Sternmiere – *Stellaria holostea* (Nelkengewächse)
Anfangs wollte sie bei uns so gar nicht wachsen. Im zweiten Anlauf ein Jahr später hingegen ist die Sternmiere kaum noch zu bremsen. Jetzt ist sie ein ausbreitungsfreudiger Bodendecker. Die Sternmiere wird bis zu 60 cm hoch und blüht von April bis Juni mit zahlreichen weißen, sternförmigen Blüten. Da die Staude immergrün ist, sorgen ihre lanzettlichen Blätter auch in der kalten Jahreszeit noch für Farbe im Schattenbeet. Ihre Stängel brechen allerdings leicht, das müssen wir beachten, wenn wir zwischen der Pflanze jäten. 18 Wildbienenarten sammeln an den Blüten, bei uns die Rotschopfige Sandbiene *(Andrena haemorrhoa)* und die Rote Mauerbiene *(Osmia bicornis)*.

Farbwandlerin

❼ Frühlings-Platterbse – *Lathyrus vernus* (Schmetterlingsblütler)
Die Blüten der bis zu 40 cm hohen Waldstaude zeigen sich von April bis Mai. Anfangs erscheinen sie rotviolett, später verfärben sie sich in ein reines Blau. Die kleinen Schmetterlingsblüten sind ausgesprochen hübsch, daher haben wir die Staude an den Rand des Beetes gesetzt, wo sie gut zu

sehen ist. Ihre Blüten werden von vielen Wildbienenarten besucht und zudem ist sie Raupenfutterpflanze für einige Schmetterlingsarten. Nach der Blüte bildet sie dunkle Samenschoten und ihr Laub bleibt bis in den Herbst stehen.

Pelzbienen-Magnet

❽ Lungenkraut – *Pulmonaria* (in Arten und Sorten) (Raublattgewächse)
Bei uns wachsen zwei verschiedene Lungenkräuter im Kleingarten. Neben der Sorte 'Azurea' des Schmalblättrigen Lungenkrauts noch das Echte Lungenkraut *(Pulmonaria officinalis)*. Beide werden zur Blütezeit ab März vor allem von der Frühlings-Pelzbiene *(Anthophora plumipes)* sowie von Hummeln und Mauerbienen besucht. Wer so gefragt ist, darf sich bei uns gerne hemmungslos ausbreiten. Das Echte Lungenkraut hat mittlerweile Nachkommen an etliche Stellen im Garten geschickt. Daher schneiden wir die Stauden auch erst zurück, wenn sie ihre Samen verteilt haben.

Zierlicher Wucherer

❾ Zimbelkraut – *Cymbalaria muralis* (Wegerichgewächse)
Das niedliche Zimbelkraut hat sich mittlerweile an verschiedenen Stellen im Halbschattenbeet angesiedelt. Dabei wandert es mit seinen Trieben zwischen dem Totholz hin und her. Die kleinen hellvioletten Blüten zeigen sich etwa ab Juni bis in den Herbst hinein, besucht wird die maximal 10 cm hoch werdende Staude von Wildbienen und Schwebfliegen. Eigentlich ist sie gar nicht unbedingt für halbschattige Plätze gedacht. Sie wächst bevorzugt in Mauerfugen, in denen es allerdings feucht genug sein muss.

Rosa Blütenkerzen

❿ Heil-Ziest – *Betonica officinalis* (Lippenblütler)
Im Bereich des Beetes, das etwas mehr Sonne abbekommt, hat sich der Heil-Ziest reich versamt. Er wird im Sommer vor allem von Garten-Wollbienen *(Anthidium manicatum)* besucht. Viel mehr Insekten lassen die Männchen der Wollbienen aber schon gar nicht mehr zu. Sie verteidigen die Blüten gegen »Eindringlinge«, indem sie sie einfach anfliegen und »wegschubsen«. Ihre Nester kleiden die Weibchen mit Pflanzenhaaren aus, die sie in unserem Garten unter anderem an Woll-Ziest *(Stachys byzantina)* und Kronen-Lichtnelke *(Lychnis coronaria)* abschaben.

6

7

8

9

10

Insektenfreundliche Schale

Ein insektenfreundliches Mini-Beet könnt ihr auch in einem Topf oder in einer Schale anlegen. Viele Pflanzen, die in ihren Blättern Wasser speichern können, wachsen in ihrer Heimat in Felsspalten und müssen mit wenig Erde und Wasser auskommen. Das macht sie zu idealen Pflanzen für einen kleinen Kübel. Ihr braucht:

- ▷ Pflanzschale mit Abzugsloch,
- ▷ Tonscherbe,
- ▷ Kies oder Blahton,
- ▷ dünnes, wasserdurchlässiges Vlies,
- ▷ Steine, unterschiedliche Größen,
- ▷ selbst gemischtes Substrat aus 1/3 Gartenboden, 1/3 Sand, 1/3 Kies.

Pflanzenvorschäge:

- ▷ Hauswurz (Sempervivum) in Sorten, beispielsweise Spinnweb-Hauswurz (*Sempervivum arachnoideum* ssp. *tomentosum*),
- ▷ Weiße Fetthenne *(Sedum album)*,
- ▷ Reichblühendes Garten-Fettblatt (*Sedum floriferum* 'Weihenstephaner Gold'),
- ▷ Grauer Polster-Thymian (*Thymus praecox* var. *pseudolanuginosus*).

Egal, ob flache Schale oder größeres Gefäß: Abzugslöcher im Boden sind Pflicht, abgedeckt mit einer Tonscherbe. Anschließend eine dünne Schicht Kies einfüllen. So fließt überschüssiges Wasser ab. Als Trennlage dient ein Vlies. Nun platziert ihr die größeren Steine und füllt mit dem Substrat auf. Zum Schluss die Pflanzen einsetzen, gut angießen und mit Kies mulchen. Eine solche Pflanzung hält über viele Jahre bei nur gelegentlichem Gießen. Die Pflanzen mögen einen Platz in der vollen Sonne.

Wildblumenstreifen für Insekten

Wenn es der Platz zulässt, könnt ihr in eurer Parzelle einen kleinen Wildblumenstreifen anlegen. Es kommt allerdings auf das richtige Saatgut an, wenn ihr damit viele Insekten unterstützen wollt. Die meisten im Gartencenter oder im Baumarkt angebotenen Blumenmischungen namens »Insektenweide« oder »Schmetterlingswiese« sind dabei keine Hilfe. Oft ist auf den Samentüten nicht angegeben, welche Pflanzen die Mischung enthält oder wo das Saatgut entnommen wurde. Die Mischungen bestehen meist aus nicht heimischen und einjährigen Arten, die keinen nachhaltigen positiven Effekt für die Natur haben und auch nur wenigen Insektenarten nutzen. In Untersuchungen wird vermutet, dass vor allem solche Arten ausgewählt werden, die leicht zu vermehren sind, oder dass es sich bei dem Saatgut um Überschüsse anderer Produktionen handelt. Das zusätzliche Problem dabei ist, dass sich die nicht heimischen Pflanzen auch in der Landschaft ausbreiten können und sich im schlimmsten Fall als invasiv herausstellen.

Was ihr wissen solltet

Wenn ihr den bei euch vorkommenden Insekten mit Wildblumenmischungen helfen wollt, sollten die Samen der Mischung aus der Region stammen und die Wildformen der Blumen und Gräser enthalten und keine Zuchtformen.

Die Mischung sollte so zusammengestellt sein, dass sie den Insekten möglichst lange Nahrung bietet. Ob für Sonne oder Schatten, trocken oder feucht – für jeden Standort gibt es passende Mischungen. Hochwertige Mischungen enthalten immer auch Kräuter und Gräser, die ebenfalls wichtig für Insekten sind.

Weniger ist mehr: Da das Saatgut vieler Wildpflanzen sehr leicht ist, rechnet man bei Wildblumenmischungen in der Regel mit 1 bis 5 g pro m^2. So geht ihr bei der Anlage vor:

- Der Boden muss locker und frei von Beikräutern sein.
- Säen könnt ihr von März bis September, optimal ist eine Einsaat von August bis September.
- Ihr könnt das Saatgut mit Sand oder Sägespänen strecken, das erleichtert die Aussaat. Beim Aussäen geht ihr einmal längs und einmal quer dazu über die Fläche, jeweils mit der Hälfte des benötigten Saatgutes.

- Saatgut nicht einarbeiten, die Samen brauchen Luft und Licht.
- Anschließend alles gut andrücken (mit der Schaufel oder mit Holzbrettern, die ihr euch unter die Schuhe schnallt).
- In den ersten sechs Wochen dreimal pro Woche wässern, 10 Liter pro Quadratmeter, folgt anhaltende Trockenheit, müsst ihr weiterhin gut wässern.
- Geduld haben! Die Samen der Mischungen keimen in unterschiedlichen Abständen und nicht alle gleichzeitig. Manche Pflanzen erscheinen erst im zweiten Jahr.
- Wildblumensamen zu ernten und zu gewinnen, ist kompliziert und aufwendig. Hochwertige Mischungen sind daher um einiges teurer als die Varianten im Baumarkt.
- Achtet auf zertifizierte Saatgutmischungen aus eurer Region und auf das Siegel »VWW-Regiosaaten« vom Verband Deutscher Wildsamen- und Pflanzenproduzenten e. V., auf das Österreichische REWISA-Zertifikat oder Zertifizierungen nach den Richtlinien für Bioterra-Naturgartenfachbetriebe in der Schweiz.

Blumenzwiebeln setzen

Im naturnahen Kleingarten wollen wir möglichst viele Monate im Jahr Blüten für Insekten anbieten. Gerade Anfang des Jahres sieht es da bei den Stauden eher mau aus. Daher setzen wir im Herbst Zwiebeln und Knollen verschiedener Frühblüher, sogenannte »Geophyten«. In ihren Speicherorganen, je nach Überdauerungsorgan »Zwiebel« oder »Knolle« genannt, steckt alles, was sie zum Wachsen und Blühen brauchen. Wenn sie verblüht sind, ziehen sie sich zurück, um im kommenden Frühjahr erneut auszutreiben. Daher passen sie auch gut zwischen Stauden, die mit ihren Blättern die vergilbenden Blätter der Frühlingsgeophyten verdecken. Wir haben in unserer Parzelle verschiedene Frühblüher gepflanzt, an sonnigen, halbschattigen und schattigen Stellen.

Zwiebel oder Knolle?

Die Zwiebel als Speicherorgan ist daran zu erkennen, dass sie aus einzelnen Zwiebelschuppen besteht. Das ist zum Beispiel bei Narzissen, Tulpen oder Gartenhyazinthen der Fall. Krokusse oder Blausterne überdauern in Knollen. Knollen sind oft kurzlebiger als Zwiebeln.

Die Qualität

Bei Zwiebeln und Knollen solltet ihr auf die Qualität achten. Die Speicherorgane müssen fest sein, ohne Schäden und Schimmel. Aber nicht alles, was auf den ersten Blick schadhaft aussieht, ist es auch. Bei Tulpen kann sich beispielsweise das braune Hüllblatt von der Zwiebel lösen, das ist arttypisch und kein Problem.

Der richtige Pflanzzeitpunkt

Für eine erfolgreiche Blüte im kommenden Frühjahr ist der richtige Pflanzzeitpunkt wichtig. Sobald Blumenzwiebeln in der Gärtnerei oder im Gartencenter angeboten werden, könnt ihr sie in die Erde setzen. Blumenzwiebeln lassen sich nicht sehr lange lagern. Je länger sie liegen, desto mehr leidet die Qualität. Wenn ihr sie nicht sofort pflanzen könnt, lagert die Zwiebeln am besten in luftigen Netzen oder in Kartons mit Löchern an einem kühlen und trockenen Platz. Bis zum ersten Frost sollten die Speicherorgane in die Erde.

Die Pflanzung

Die Zwiebeln könnt ihr entweder locker in die Beete werfen und dort pflanzen, wo sie liegen bleiben, das wirkt später natürlicher, oder ihr bildet kleine Pflanzengruppen. Das ist Geschmackssache. Wenn ihr die Frühblüher zwischen Stauden setzt, solltet ihr bedenken, dass sie beim Jäten schnell mal ausgegraben werden. Gerade kleine Krokusse oder Winterlinge, die nah unter der Erdoberfläche liegen, sind gefährdet. Bei der Pflanztiefe könnt ihr euch an der Größe der Zwiebeln orientieren. Sie werden etwa doppelt bis dreimal so tief gepflanzt, wie sie hoch sind. Die meisten Blumenzwiebeln mögen keine Staunässe. Bei schweren Böden könnt ihr daher etwas Sand oder Kies mit ins Pflanzloch geben.

Für fast jeden Standort findet sich der passende Frühjahrsblüher. Netzblatt-Iris und Wild-Tulpen mögen es beispielsweise sonnig und eher trocken, Narzissen eher feucht und nährstoffreich. Krokusse brauchen ein sonniges Plätzchen und Schneeglöckchen wachsen auch an schattigen Standorten. Eine kleine Auswahl an Frühlingsgeophyten, die in unserer Parzelle wachsen, wird auf den nächsten Seiten vorgestellt.

❶ Hohler Lerchensporn *(Corydalis cava)*
STANDORT: sonnig bis halbschattig, frischer bis feuchter Boden | **BLÜTE:** weiß-rosa | **BLÜTEZEIT:** März-Mai | **HÖHE:** 30 cm | **PFLANZABSTAND:** 10 cm | **WEITERE INFOS:** Wird unter anderem von der Dunklen Erdhummel *(Bombus terrestris)* besucht. Da ihr Rüssel zu kurz ist, um an den Nektar im Blütensporn zu gelangen, beißt sie ihn deshalb auf. Das Loch nach diesem Nektarraub können nun auch andere Insekten nutzen, um an den Nektar zu gelangen. Die Samen des Lerchensporns werden durch Ameisen verbreitet, die es auf das süße Anhängsel (Elaiosom) abgesehen haben.

❷ Krokus (*Crocus biflorus* 'Miss Vain')
STANDORT: sonnig bis halbschattig, trockener bis frischer Boden | **BLÜTE:** weiß | **BLÜTEZEIT:** Februar-März | **HÖHE:** 10 cm | **PFLANZABSTAND:** 5-10 cm | **WEITERE INFOS:** für Hummeln und Schwebfliegen attraktiv.

❸ Krokus (*Crocus chrysanthus* 'Goldilocks')
STANDORT: sonnig bis halbschattig, trockener bis frischer Boden | **BLÜTE:** gelb mit brauner Basis | **BLÜTEZEIT:** Februar-März | **HÖHE:** 10 cm | **PFLANZABSTAND:** 5-10 cm | **WEITERE INFOS:** strahlt mit seiner auffälligen Farbe, vor allem, wenn er flächig gepflanzt wird.

❹ Elfen-Krokus *(Crocus tommasinianus)*
STANDORT: sonnig bis halbschattig, trockener bis frischer Boden | **BLÜTE:** lila | **BLÜTEZEIT:** Februar-März | **HÖHE:** 10 cm | **PFLANZABSTAND:** 5-10 cm | **WEITERE INFOS:** bildet auch in Rasenflächen dichte Teppiche.

❺ Winterling *(Eranthis hyemalis)*
STANDORT: halbschattig, frischer Boden | **BLÜTE:** gelb | **BLÜTEZEIT:** Februar-März | **HÖHE:** 10 cm | **PFLANZABSTAND:** 5 cm | **WEITERE INFOS:** breitet sich über Samen aus.

1

2

3

4

5

6

7

8

9

10

❻ Kleines Schneeglöckchen *(Galanthus nivalis)*
STANDORT: halbschattig bis schattig, frischer Boden | **BLÜTE:** weiß mit grün | **BLÜTEZEIT:** Februar-März | **HÖHE:** 15-20 cm | **PFLANZABSTAND:** 5-10 cm | **WEITERE INFOS:** Bei den Schneeglöckchen sorgen ebenfalls Ameisen für ihre Verbreitung. Ihr könnt zu dichte Schneeglöckchenpulks nach der Blüte teilen und umpflanzen.

❼ Kleine Netzblatt-Iris *(Iris reticulata)*
STANDORT: sonnig, trocken | **BLÜTE:** veilchenblau | **BLÜTEZEIT:** Februar-März | **HÖHE:** 20 cm | **PFLANZABSTAND:** 10 cm | **WEITERE INFOS:** wächst bei uns im Sandarium und scheint sich dort sehr wohl zu fühlen.

❽ Pfauenaugen-Narzisse (*Narcissus poeticus* var. *recurvus*)
STANDORT: sonnig, frischer Boden | **BLÜTE:** weiß mit gelber Krone | **BLÜTEZEIT:** Mai | **HÖHE:** 30 cm | **PFLANZABSTAND:** 10 cm | **WEITERE INFOS:** gehört zu den spät blühenden Narzissen.

❾ Weinberg-Tulpe *(Tulipa sylvestris)*
STANDORT: sonnig, warm | **BLÜTE:** gelb | **BLÜTEZEIT:** April-Mai | **HÖHE:** 40 cm | **PFLANZABSTAND:** 20 cm | **WEITERE INFOS:** heimisch, verwildert an passenden Standorten.

❿ Zwerg-Stern-Tulpe *(Tulipa tarda)*
STANDORT: sonnig, trocken | **BLÜTE:** weiß mit gelber Mitte | **BLÜTEZEIT:** April-Mai | **HÖHE:** 15 cm | **PFLANZABSTAND:** 20 cm | **WEITERE INFOS:** stammt aus Mittelasien, verwildert.

Kleingarten von Stefan Behr – Regionalgruppe Hamburg des NaturGarten e.V.

»Wenn ich durch diese Gartenpforte gehe und das Bimmeln der kleinen Glocke am Eingang verklungen ist, dann erde ich mich hier. Hier komme ich richtig runter.«

Stefan Behr ist seit zehn Jahren Kleingärtner. Als er zusammen mit seiner Frau die 500 Quadratmeter umfassende Parzelle in der Nähe des Hamburger Tierparks übernommen hat, gab es dort nur Rasen und gerade Wege aus Betonplatten. Dann ist Stefan bei der Internetrecherche nach Gestaltungsideen beim NaturGarten e.V. gelandet. Und er war sofort Feuer und Flamme.

Im Laufe der letzten Jahre hat er seine Parzelle in einen Naturgarten verwandelt. Und das ziemlich kompromisslos. Aus dem geraden Weg ist ein geschwungener Weg geworden, der sich Richtung Laube schlängelt, vorbei an einem aufgeschütteten Blumenhügel. Der ist in der ersten Bauphase aus dem Aushub des Teiches entstanden. Nachdem der Boden aber stark von Quecke und anderen stark wuchernden Pflanzen durchzogen war, hat Stefan den ganzen Haufen wieder abgetragen und hinter seine Laube verfrachtet. Dort durfte der Boden unter einer Folie auf seine weitere Verwendung warten. Für den neuen Hügel hat der Naturgärtner über 20 Schubkarren Kies und Sand in den Garten gefahren. Und jetzt ist auf dem Hügel ein artenreiches Magerbeet entstanden. Weitere naturnahe Elemente in seinem Garten sind eine Trockenmauer aus gebrauchten Steinen, eine Kräuterspirale, Totholz in unterschiedlichen Varianten sowie eine Wildblumenwiese. Aber auch der Nutzgarten kommt nicht zu kurz. Auf dem Grund-

stück stehen alte Obstbäume, geschützt hinter der Laube wachsen Tomaten und im Hochbeet am Eingang verschiedene Gemüsearten.

Stefan brennt auch noch nach vielen Jahren wie am ersten Tag für das Thema »Naturgarten«. »Das verbraucht sich nicht, das ist wie ein Perpetuum mobile«, sagt er. Und auch sein Sendungsbewusstsein ist ungebrochen. Als ich ihn Mitte Juni besuche, findet in Hamburg gerade der »Lange Tag der StadtNatur« statt. Vier Gruppen sind es am Ende des Tages, die Stefan durch seinen Garten führt. Er zeigt den Gästen dabei nicht nur die auffällig bunt blühenden Wildpflanzen wie Kornblume oder Natternkopf, sondern lenkt den Blick auch auf unscheinbare Stauden wie die Knotige Braunwurz (*Scrophularia nodosa,* 2. Bild v. li.). Sie ist vielleicht nicht im klassischen Sinne hübsch, aber ein Magnet für Wildbienen und andere Insekten und hat damit natürlich auch einen Platz im naturnahen Kleingarten verdient. An diesem Tag kann Stefan seine Idee weitertragen: »Ein Netzwerk fürs Leben! Das müssen wir viel enger knüpfen und es ist ein ganz kleiner Anfang, aber ich freue mich über jeden, der kommt.« Am Ende ist sein Garten aber vor allem ein Ort zum Energietanken. »Ich nehme bewusst nie Arbeit mit. Und ich nehme auch keine Sorgen mit. Wenn ich mal grübele, dann ist das hier der beste Ort dafür. Denn hier gibt es energetisch nur den Weg nach oben, es ist hier wie ein Kraftfeld.«

Stefan Behr ist Sprecher der Regionalgruppe Hamburg und des Arbeitskreises NaturErlebnisRäume des NaturGarten e.V. und er berät Hamburger Schulen, motiviert durch seine Erfahrungen im Kleingarten, bei der naturnahen Geländegestaltung. Im deutschsprachigen Raum ist er inzwischen als Experte zum Thema NaturErlebnisRäume gefragt (Adresse siehe Seite 182).

Markhaltige Stängel stellen wir aufrecht in den Totholzhaufen

Naturnahe Pflege im Kleingarten

Wie auf Seite 16 schon erwähnt, braucht auch ein naturnah angelegter Kleingarten Pflege, damit er seine Funktion als Lebensraum für viele Tiere erfüllen kann. Die Pflege muss aber zielgerichtet geschehen, damit wir unsere mühsam angelegten Naturelemente nicht wieder zerstören.

Pflanzen zurückschneiden

Die meisten unserer Stauden lassen wir über den Winter stehen, da gerade in den Stängeln und an den Blütenköpfen unserer heimischen Wildblumen Insekten überwintern. Pflanzen wie Wegwarte, Flockenblumen und Witwenblumen bilden im Herbst Samen, die beispielsweise von Stieglitzen gefressen werden. Kurz vor dem Austrieb schneiden wir die Stauden zurück, wenn sich zwischen den Pflanzen die ersten Frühlingsgeophyten zeigen.

Rückschnitt kurz vor dem Austrieb

Die Rasenfläche unserer direkten Nachbarn

Rasen weniger mähen

Das Rasenmähen scheint tief im Kleingartenwesen verwurzelt zu sein: »Den Rasen muss man doch mal mähen, das sieht ja unordentlich aus!« Muss ein Garten ordentlich und sauber aussehen? Es handelt sich schließlich nicht um das Wohnzimmer, das regelmäßig gesaugt wird. Euren Rasen weniger zu mähen, gehört zu den einfachsten Möglichkeiten, die Artenvielfalt zu unterstützen. Und dabei genügt es schon, nicht immer die komplette Fläche zu mähen, sondern Inseln stehen zu lassen. In unserer Parzelle ist nur noch eine Restfläche »Rasen« übrig geblieben. Es handelt sich nur um wenige Quadratmeter, die wir maximal vier- bis fünfmal im Jahr mähen. So blühen dort wieder Wiesenschaumkraut, Gänseblümchen, Ehrenpreis, Günsel, Braunelle und Löwenzahn. Die Pflanzen sind absolute Insektenmagnete. Und wir müssen nichts dafür tun, außer dem Rasenmäher viel Freizeit zu gönnen. Außerdem nisten in unserer lückigen »Rasenfläche« mehrere Graue Sandbienen *(Andrena cineraria)*, die jedes Jahr Ende März schlüpfen. Und die haben wir da nicht extra hingebracht, sie sind von alleine gekommen. Aber das tun sie nur, wenn man den Rasen in Ruhe lässt.

Graue Sandbiene

Schonende Rasenpflege

Für die Rasenwege, die wir regelmäßig mähen, nutzen wir einen handbetriebenen Spindelmäher. Für unsere kleinen Flächen ist der absolut ausreichend, er macht nur wenig Lärm und verbraucht keinen Strom. Wenn wir unsere Mini-Rasenflächen einige Monate haben wachsen lassen und sie mähen wollen, kommen wir mit dem Spindelmäher allerdings nicht weiter, denn die hohen Gräser wickeln sich um die Spindel und das Mähen ist unmöglich. Wir verwenden daher eine Sichel mit einem langen Griff. Für kleine Flächen ist diese Sichel ideal. Einfach die Gräser in einem kleinen Schopf greifen und mit der Sichel abschneiden. Bei Bedarf kann man anschließend mit einem Mäher die Gräser noch auf eine niedrigere Höhe schneiden.

Wiesen auf Gemeinschaftsflächen mähen

Klassische Blumenwiesen sind wohl in Kleingartenparzellen eher weniger zu sehen. Aber vielleicht wächst auf eurer Gemeinschaftsfläche eine Wildblumenwiese. Auch dort überwintern Insekten. Da braucht es die richtige Strategie beim Mähen. Wildblumenwiesen bestehen in der Regel aus Gräsern und den verschiedensten Wildblumen. Wildblumenwiesen mit gebietseigenem Saatgut sind besonders wertvoll für unsere heimischen Insekten, da sie ideal an die Pflanzen angepasst sind. Je nach Standort müssen Wildblumenwiesen ein- bis dreimal pro Jahr gemäht werden. Magere Wiesen seltener, nährstoffreiche Flächen mit Fettwiesen häufiger. Wichtig ist dabei, dass ihr das Mähgut einige Tage liegen lasst, damit die Samen ausfallen können, und es erst dann von der Fläche entfernt. Würdet ihr die Wiese gar nicht mähen, würde sie irgendwann verbuschen und die Pflanzenvielfalt immer kleiner werden. Allerdings können in den Stängeln, Blättern und Blütenköpfen der Pflanzen Insekten überwintern. Die wären bei einer Mahd verloren. Der Mahdzeitpunkt ist daher entscheidend.

Braunelle und Löwenzahn wachsen, wo sie wollen. Die Insekten freut's.

Wichtiges »Unkraut« wachsen lassen

Moment mal, »Unkraut« als Element eines naturnahen Kleingartens? Jetzt ist aber mal gut, werdet ihr vielleicht denken. Doch richtig gehört! In einen naturnahen Kleingarten gehören »Unkraut« oder »Beikraut« oder »Kulturbegleitpflanzen«. Also Pflanzen wie Löwenzahn, Brennnessel oder Giersch. Pflanzen, die von alleine auftauchen und meistens auf nährstoffreichen Flächen gut gedeihen. Sie wachsen, wo sie wollen, und machen sich manchmal auch im Gemüsegarten breit. Aber diese Pflanzen sollten dennoch einen Platz in unseren Kleingärten bekommen. Beispiel Löwenzahn: An ihm sammeln über 70 Wildbienenarten Pollen. Da kann man sich bunte, aber für Wildbienen meist uninteressante Saatgutmischungen aus dem Baumarkt sparen. Natürlich soll der Löwenzahn nicht den ganzen Garten überwuchern. Aber in einer Ecke können wir ihn wachsen lassen und einfach rechtzeitig die Blüten entfernen, bevor er seine Samen weiterschickt. Das Problem im Kleingarten ist ja nicht der Löwenzahn. Das Problem ist, wenn außer Löwenzahn im Kleingarten sonst nichts passiert.

Hier noch ein paar klassische »Beikräuter« im Kleingarten.

- ▷ Giersch *(Aegopodium podagraria):* essbare Blätter, Nektar und Pollen für 31 Wildbienenarten, Pollen-, Nektar- oder Raupenfutterpflanze für zwölf Schmetterlingsarten. Auf den Doldenblüten tummeln sich außerdem zahlreiche Käfer, Wanzen und Schwebfliegen.
- ▷ Kriechender Günsel *(Ajuga reptans):* Pollen für elf Wildbienenarten, elf Schmetterlingsarten nutzen ihn als Nektarquelle und Raupenfutter. Essbare Blätter und Blüten.
- ▷ Gundermann *(Glechoma hederacea):* 40 Wildbienenarten sammeln am Gundermann Nektar und/oder Pollen, drei Schmetterlingsarten

Günsel (links) und Brennnesseln (rechts) sind Raupenfutterpflanzen

profitieren von seinen Blüten. Die Blüten sind essbar und eignen sich beispielsweise für Wildkräutersalate oder Kräuterbutter.

- ▷ Große Brennnessel *(Urtica dioica)*: enthält viele Vitamine und Mineralstoffe, Samen eignen sich als Zugabe für Wildkräutersalate, unverzichtbar für etliche Schmetterlingsraupen. Über 35 Schmetterlingsraupen gibt es, die an den Blättern der Großen Brennnessel fressen oder die Pflanze als Lebensraum nutzen. Die Brennhaare machen den Raupen nichts aus. Sie fressen sie einfach mit.
- ▷ Zaunwinde *(Calystegia sepium)*: wird durch Nachtfalter und Schwebfliegen bestäubt.

Keine Frage: Pflanzen wie Giersch oder Quecke müssen wir in die Schranken weisen, denn sonst haben sie tatsächlich schnell den Garten übernommen. Das liegt daran, dass sich beide über Rhizome ausbreiten. Ein Rhizom ist eine unterirdisch wachsende Sprossachse, die in der Lage ist, aus jedem Teilstück wieder auszutreiben. Daher ist es wichtig, beim Jäten jedes noch so kleine Rhizomstück zu erwischen und aus dem Beet zu holen. Eine mit Giersch durchwachsene Fläche könnt ihr nach dem Jäten im Herbst mit einer 40 cm hohen Schicht Laub bedecken. Bis zum Sommer sackt alles zusammen und erstickt den Giersch. Regelmäßige Kontrolle und bedarfsweises Jäten vorausgesetzt.

Tierschonende Mahd – Studie von Alina Haitzer, Universität Bayreuth

Im Rahmen einer Masterarbeit an der Universität Bayreuth wurden zwei Fragestellungen untersucht: Welche und wie viele Insekten überwintern in Wiesen? Und bis wann schlüpfen die Insekten? Dafür hat Masterstudentin Alina Haitzer zehn Wiesenflächen im Bayreuther Stadtgebiet ausgesucht. Auf diesen Flächen hat sie von März bis Juni einmal im Monat Pflanzenmaterial gesammelt und in sogenannten Eklektoren Insekten schlüpfen lassen. Die Insekten hat sie dann bestimmt und gezählt. In ihrer Arbeit konnte Alina Haitzer zeigen, dass die ersten Insekten bereits Ende März schlüpfen und dann kontinuierlich bis Ende Juni.

Unterschiedliche Insektengruppen schlüpfen in unterschiedlichen Zeiträumen. Ende März sind es hauptsächlich Fliegen. Käfer und Wanzen schlüpfen vermehrt im Mai und Juni, die Zikaden vor allem im Juni. Die Masterarbeit hat verdeutlicht, dass sich das bereits teils praktizierte Prinzip der sogenannten »Mosaikmahd« als tierschonend erweist. Mosaikmahd bedeutet, dass unterschiedliche Flächen einer Wiese zu unterschiedlichen Zeitpunkten gemäht werden. Beispielsweise ein Teil der Fläche Ende Mai/Anfang Juni und ein zweiter Teil im September. Die Tiere können so auch aus den gemähten in die ungemähten Flächen flüchten. Mindestens 10 bis 20 Prozent der Fläche sollten über den Winter stehen gelassen werden und frühestens im Juni gemäht werden. Für eine tierschonende Mahd empfiehlt sich die klassische Sense oder bei größeren Flächen ein Balkenmäher. Und eine Schnitthöhe von 10 cm sollte nicht unterschritten werden.

Alina Haitzer sammelt Proben der trockenen Wiesenpflanzen

Gehölze im Kleingarten

Eure Gartenordnung legt fest, welche Gehölze ihr in euren Parzellen pflanzen dürft und welche nicht. Da die Grundstücke eng nebeneinander liegen, kann es da schnell zu Konflikten kommen. Im Detail können sich die Vorgaben unterscheiden, hier für euch ein kleiner Überblick.

Vorgaben durch die Kleingartenordnung

Kein Platz für Nadelbäume

Nadelbäume sind in vielen Kleingartenanlagen verboten. Die Begründung: Sie werden zu groß, können mit ihren Nadeln den Boden versauern und ihn damit für den Anbau von Obst und Gemüse unbrauchbar machen. Aber auch hier solltet ihr genau in die Gartenordnung schauen. In Hamburg beispielsweise sind kleinwüchsige Nadelgehölze nicht generell verboten und die heimische Eibe ist erlaubt, wenn diese als Einzelpflanze gesetzt wird.

Schatten und Wurzeldruck

Hohe Laubbäume und Sträucher können schnell den Nachbargarten beschatten oder durch weitreichende Wurzeln den Anbau von Obst und Gemüse unmöglich machen oder zumindest erschweren. Daher sind große Waldbaumarten wie Eiche, Buche oder Ahorn nicht mit einer kleingärtnerischen Nutzung zu vereinbaren. Obstbäume zählen zur kleingärtneri-

Insektenfreundlich? Kornelkirsche statt Forsythie

Die aus Asien stammenden, im Frühjahr gelb blühenden Forsythien haben für blütenbesuchende Insekten keinen Nutzen, da sie weder Pollen noch Nektar bieten. Lediglich die Sorte 'Beatrix Farrand' hat Pollen im Angebot. Eine heimische Alternative ist die Kornelkirsche *(Cornus mas)*, die allerdings im Alter bis zu 5 m hoch werden kann. Aber sie ist schnittverträglich und kann gut im Zaum gehalten werden.

schen Nutzung und sind daher von der Höhenbegrenzung ausgenommen. Aber auch sie dürfen die Nachbarparzelle nicht beeinträchtigen. Andere Sträucher, die nicht von vornherein ausgeschlossen sind, dürfen eine bestimmte Höhe nicht überschreiten, beziehungsweise müssen durch Schnittmaßnahmen im Zaum gehalten werden. In eurer Gartenordnung könnte daher vorgegeben sein, dass die Sträucher nicht höher als 2,50 m werden dürfen. Allerdings halten sich die Gehölze meist nicht an die in Baumschulkatalogen angegebenen Höhen. Bei der Endhöhe spielen auch die Boden- und Lichtverhältnisse eine Rolle. Und viele Sträucher entfalten ihre volle Schönheit erst, wenn wir sie frei wachsen lassen und nicht durch einen regelmäßigen Schnitt ihren natürlichen Habitus zerstören. Und wenn keine Beeinträchtigungen für die Nachbarn entstehen, sollte es nicht auf jeden Zentimeter ankommen. Zudem sind in der Gartenordnung auch die Grenzabstände vorgegeben. Gemessen wird dabei immer von der Mitte des Gehölzes.

Auf den Gemeinschaftsflächen hingegen können hohe Bäume durchaus Platz finden. Sie sind ein wichtiger Schattenspender und im Alter ein wertvoller Lebensraum für Tiere. Auf unserer Gemeinschaftsfläche stehen mehrere Linden, in denen an lauen Sommerabenden Fledermäuse Nachtfalter jagen. Diese Bäume müssen allerdings im Rahmen der Verkehrssicherungspflicht regelmäßig kontrolliert und so gepflegt werden, dass von ihnen keine Gefahr ausgeht.

Passende Sträucher im Kleingarten

Ja, aber was dürft ihr denn jetzt pflanzen? Keine Sorge, da gibt es noch genug Auswahl. Obstbäume und Beerensträucher gehören ohnehin in einen Kleingarten und es gibt etliche kleine heimische Wildsträucher, auch klein bleibende Sorten. Hier eine Auswahl an pflegeleichten Kleingehölzen, die auch für Tiere was zu bieten haben. Einige kommen wunderbar auf trockenen und durchlässigen Böden klar, einige mögen es feucht und wieder andere kommen auf vielen Böden gut zurecht.

1

2

3

4

5

6

7

❶ Schwarzwerdender Geißklee *(Cytisus nigricans)*
STANDORT: sonnig bis halbschattig, sandiger und steiniger Boden kein Problem | **BLÜTE:** gelb | **BLÜTEZEIT:** Juni-August | **HÖHE:** bis 100 cm | **WEITERE INFOS:** heimisch, beliebt bei Wildbienen, Schmetterlingen und Schmetterlingsraupen, giftig.

❷ Strauch-Kronwicke *(Hippocrepis emerus)*
STANDORT: sonnig bis halbschattig, trocken, eher mager | **BLÜTE:** gelb | **BLÜTEZEIT:** Mai-Juni | **HÖHE:** bis 150 cm | **WEITERE INFOS:** verträgt einen starken Rückschnitt im Frühjahr.

❸ Strauch-Efeu (*Hedera helix* 'Arborescens')
STANDORT: halbschattig bis schattig | **BLÜTE:** grünbraun | **BLÜTEZEIT:** September-November | **HÖHE:** bis 150 cm | **WEITERE INFOS:** Altersform des Efeus, klettert nicht, immergrün, Blüten werden häufig von Schwebfliegen, Feldwespen und Schmetterlingen besucht, giftig.

❹ Gewöhnlicher Zwerg-Liguster (*Ligustrum vulgare* 'Compactum')
STANDORT: sonnig bis schattig, anspruchslos | **BLÜTE:** weiß | **BLÜTEZEIT:** Juni-Juli | **HÖHE:** bis 150 cm | **WEITERE INFOS:** Zwergsorte des heimischen Ligusters.

❺ Blaue Heckenkirsche *(Lonicera caerulea)*
STANDORT: halbschattig bis schattig | **BLÜTE:** hellgelb | **BLÜTEZEIT:** Mai-Juli | **HÖHE:** bis 200 cm | **WEITERE INFOS:** blaue Beeren, Vogelnährgehölz.

❻ Alpen-Johannisbeere *(Ribes alpinum)*
STANDORT: halbschattig bis schattig, frischer Boden | **BLÜTE:** grüngelb | **BLÜTEZEIT:** April-Mai | **HÖHE:** bis 150 cm | **WEITERE INFOS:** Pollenquelle für Wildbienen.

❼ Essig-Rose *(Rosa gallica)*
STANDORT: sonnig bis halbschattig, trocken, auch auf Lehmboden | **BLÜTE:** rosa | **BLÜTEZEIT:** Juni-Juli | **HÖHE:** bis 100 cm | **WEITERE INFOS:** Vogelnährgehölz, bildet Ausläufer.

Sträucher pflanzen

Die besten Pflanzzeiten für Gehölze sind der Herbst oder das Frühjahr. Wenn die Gehölze kein Laub tragen, bekommt ihr in den Baumschulen entweder Ballenware oder wurzelnackte Sträucher. Wurzelnackte Sträucher sind preisgünstiger. Gehölze, die in Töpfen herangezogen worden sind, könnt ihr theoretisch das ganze Jahr über pflanzen, außer bei Frost oder bei Hitze. Bei wurzelnackten Sträuchern müsst ihr die Wurzeln und die Triebe vor dem Pflanzen stark einkürzen. Achtet darauf, dass die Schnitte sauber sind und Triebe und Wurzeln nicht splittern oder gequetscht werden. Wenn ihr nachfragt, wird man euch aber auch eventuell die Sträucher schon in der Baumschule passend schneiden.

Gehölze schneiden

Da viele unserer heimischen Vögel in Hecken und Sträuchern nisten, dürft ihr Hecken und Gebüsche nicht nach Belieben radikal zurückschneiden. Nach dem Bundesnaturschutzgesetz, § 39, ist es verboten »Hecken, lebende Zäune, Gebüsche und andere Gehölze in der Zeit vom 1. März bis zum 30. September abzuschneiden, auf den Stock zu setzen oder zu beseitigen; zulässig sind schonende Form- und Pflegeschnitte zur Beseitigung des Zuwachses der Pflanzen oder zur Gesunderhaltung von Bäumen.« Bevor ihr schneidet, solltet ihr eure Hecken auf jeden Fall auf Vogelnester untersuchen. Entdeckt ihr brütende Vögel, müsst ihr den Heckenschnitt verschieben. Ansonsten drohen euch hohe Bußgelder.

Birnengitterrost und Feuerbrand

Birnengitterrost braucht für seinen Entwicklungszyklus zwei Pflanzenarten – Wacholder und Birne. Am Wacholder bildet der Pilz Sporen, die über den Wind auf die Birnenblätter gelangen. An den Blattoberseiten der Birnen zeigen sich zuerst orangerote Flecken, die sich zu kleinen Pusteln entwickeln. Durch den Pilz hat die Birne weniger grüne Blattfläche, das wiederum schränkt die Fotosynthese ein. Die Blätter fallen früher und es entstehen nur kümmerliche Früchte.

Eine weitaus problematischere Pflanzenkrankheit ist der Feuerbrand. Sie wird durch ein Bakterium verursacht, das Blüten, Blätter und Triebe wie verbrannt aussehen lässt. Gefährdete Obstbäume sind Äpfel und Birnen.

Nächste Etage: Kletterpflanzen

Ob im alten Obstbaum, an der Fassade der Laube oder als Sichtschutz – mit Kletterpflanzen könnt ihr auf wenig Fläche in die Höhe gehen und so Nahrung und Lebensräume für verschiedene Tiere bieten.

Was in unserem Kleingarten klettert

Alpen-Waldrebe (Clematis alpina)

Die Alpen-Waldrebe darf bei uns in den alten Zwetschgenbaum klettern. Sie rankt bis zu 2 m hoch und blüht von April bis Juni mit lila-weißen Glockenblüten. Nach der Blüte gibt's einen Rückschnitt, dann blüht die Alpen-Waldrebe im Spätsommer erneut. Sie verträgt sonnige bis schattige Plätze und wird bei uns vor allem von Hummeln und Schwebfliegen besucht. Ein bisschen vorsichtig müssen wir sein, wenn wir in ihrer Nähe arbeiten, denn ihre Zweige brechen leicht.

Die Waldrebe nutzt unseren Zwetschgenbaum als Klettergerüst

Jelängerjelieber (links) und Efeu (rechts) sind bei Schmetterlingen und Bienen beliebt

Jelängerjelieber (Lonicera caprifolium)

An der Ostseite unseres Gartens wächst ein alter Flieder *(Syringa vulgaris)*. Auch wenn er nicht heimisch ist, haben wir uns entschieden, ihn stehen zu lassen. Er dient als Sichtschutz und verdeckt unser wildes Eck. »Wild« bedeutet in dem Fall, dass dort alles an Grünschnitt landet, was wir nicht kompostieren oder vermulchen. Und da der Haufen mittlerweile schon über einen Meter hoch ist, ist es nicht tragisch, wenn man ihn vom Weg nicht sofort sieht … Aber der Flieder hat noch eine weitere Funktion: als Kletterhilfe für unser Geißblatt Jelängerjelieber. Die Pflanze ist mittlerweile über 3 m in den Strauch geklettert und fällt kaum auf. Außer zur Blütezeit ab Mai. Dann strahlen ihre gelb-weißen Blüten aus dem Geäst. Die sind beliebt bei Schmetterlingen, Hummeln, aber vor allem bei Nachtfaltern, die wiederum von Fledermäusen gefressen werden. Und aus den Blüten entwickeln sich rote Früchte, die von Vögeln gefressen werden.

Efeu (Hedera helix)

Der Efeu war schon da, als wir den Garten übernommen haben. Und das ist auch gut so, denn bei uns blüht er reichlich. Das tut er erst nach etwa acht bis zehn Jahren. Der Efeu klettert an unserem Eingangstor, das wir regelmäßig frei schneiden müssen. Aber dennoch hat der Efeu ein dichtes Polster gebildet, in dem gerne Vögel sitzen. Er blüht spät, von September bis November, und wird dann von Schmetterlingen, Bienen, Wespen und Schwebfliegen belagert. Hornissen sind ebenfalls regelmäßig dort unterwegs, um andere Insekten zu jagen. Von Februar bis April bildet Efeu seine Früchte, die bei Vögeln ausgesprochen beliebt sind.

Element Wasser im Kleingarten

Jetzt wird's aufwendiger: Wie bekommen wir den Lebensraum Wasser in den Kleingarten? Jedes zusätzliche Strukturelement im Kleingarten ist wertvoll. Das kann schon eine kleine Pfütze sein, die hin und wieder austrocknet. Oder ein kleines Sumpfbeet mit feuchtigkeitsliebenden Pflanzen. Auch kleine Flächen zahlen auf die Artenvielfalt im Garten ein! Wenn es möglich ist, lohnt es sich, über einen kleinen Teich nachzudenken.

Teiche im Kleingarten

Ein Teich ist ein wichtiger Baustein für einen naturnahen Kleingarten. Hier leben Molche, Frösche, Libellen und Wasserkäfer; Vögel und zahlreiche Insekten kommen zum Trinken vorbei. Wenn ihr einen Teich in eurer Parzelle anlegen möchtet, müsst ihr auf jeden Fall einen Blick in die örtliche Gartenordnung werfen. In unserer Kleingartenanlage NW 18 sind laut Gartenordnung Teiche verboten. In anderen Kleingartenanlagen hingegen sind Teiche erlaubt, deren Größe ist allerdings begrenzt. Aber: je größer der Teich, desto besser kann sich ein ökologisches Gleichgewicht einstellen. In der Literatur gibt es Empfehlungen, dass die Wasseroberfläche eines Naturteichs nicht kleiner als acht bis zehn Quadratmeter sein sollte. Doch schon bei einer Größe von drei Quadratmetern könnt ihr wertvolle Lebensräume schaffen. Wenn der Teich der Artenvielfalt dienen soll, dürft ihr keine Fische einsetzen. Denn die fressen nicht nur Wasserpflanzen, sondern auch die Eier von Fröschen und Molchen.

Flache Ufer sind wichtig, damit Tiere aus dem Teich gelangen können

Bevor es losgeht

So faszinierend ein Gartenteich auch ist, bevor ihr den Spaten in die Hand nehmt, gilt es einiges zu berücksichtigen:

- Ein Gartenteich ist ein Gefahrenbereich für Kleinkinder. Auch bei geringer Wassertiefe. Zitat: »Der Kleingartenpächter haftet nach den sich aus dem Bürgerlichen Gesetzbuch (BGB) ergebenden Haftungsgrundsätzen für alle Schäden, die durch Quellen erhöhter Gefahr hervorgerufen wurden.« Der Teich sollte daher durch einen Zaun, ein Gitter oder ein Netz gesichert sein.
- Der Teich soll Frösche anlocken. Aber wenn die quaken, könnte es Beschwerden von den Gartennachbarn geben.
- Ein Teich muss meist vom Vorstand genehmigt werden.
- Der Teich sollte sich gestalterisch gut in den Garten einfügen und nicht als Fremdkörper wirken.

Teichbauvarianten

Die eine richtige Teichbauweise, die problemlos in jedem Garten funktioniert, gibt es vermutlich nicht. Zu unterschiedlich sind die Vorstellungen, der Platz, die Größe des Geländes oder die Möglichkeiten bei der Materialauswahl. Ihr könnt den Teich mit einer Folie abdichten, Tonplatten verlegen und feststampfen oder eine fertige Teichschale einbauen. Teichschalen gibt es auch in Größen, die sich problemlos in einen Kleingarten integrieren lassen. Bei dieser Variante habt ihr durch die vorgegebene Form nur wenige Gestaltungsmöglichkeiten und es ist auch fast nicht möglich, die schwarzen Kunststoffränder zu kaschieren. Teiche mit Ton abzudichten ist ein großer Aufwand und im Kleingarten wohl eher unüblich. Daher schauen wir jetzt mal auf die wichtigen Schritte beim Teichbau mit Folie.

Teich bauen – Schritt für Schritt

- Passenden Standort wählen: nicht in der vollen Sonne, nicht im kompletten Schatten. Etwa vier bis sechs Stunden kann der Teich von der Sonne beschienen werden. Der Teich sollte nicht direkt unter einem Laubbaum liegen, da das Laub für einen unerwünschten Nährstoffeintrag sorgt.
- Zunächst die Grundfläche des Teiches mit Sand oder Kalk markieren.
- Pflöcke entlang der Markierung einschlagen und die Höhe der späteren Wasseroberfläche auf allen Pflöcken markieren und auf Höhe der

Markierungen eine Schnur spannen. Wenn der Boden im Weg ist: Die Schnur in Waage 20 cm höher spannen, unter der Schnur waagerecht ausschachten und dann die Schnur auf die endgültige Höhe setzen.

- Teichgrube ausheben, etwas tiefer als die spätere Teichtiefe.
- Ufer modellieren: Gefälle nicht steiler als 1:3, das bedeutet, dass sich der Höhenunterschied von 1 m über 3 m Länge verteilt.
- Sorgfältig Steine, Wurzeln und andere spitze Gegenstände entfernen.
- Größe der Teichfolie und des Vlieses in Quadratmetern berechnen: Dafür ein Maßband einmal an der längsten und einmal an der breitesten Stelle durch die Teichgrube legen und jeweils 60 cm dazugeben. Dann die Fläche ausrechnen (Länge × Breite).
- Teichrand modellieren. Der Teich sollte flache und tiefere Zonen haben, um möglichst vielfältige Standortbedingungen zu schaffen, dazu flache Uferbereiche, damit Tiere sicher hinein- und hinausklettern können.
- Bei Bedarf: Bodenhülsen außerhalb des Teiches für ein Laubschutznetz einbauen.
- Schutzvlies (Stärke 300 g/m^2 bis 500 g/m^2) einlegen, das Vlies schützt die Folie vor spitzen Steinen und Wurzeln, die eventuell noch im Untergrund vorhanden sind.
- Teichfolie aus EPDM-Kautschuk auslegen (in verschiedenen Stärken erhältlich, für Teiche reichen Stärken bis 1,52 mm).
- Weiteres Schutzvlies auslegen (bedeckt die Folie, hält das Teichsubstrat).
- Substrat etwa 10 cm hoch verteilen (etwa ein nährstoffarmes Gemisch aus Sand und Lehm).
- Pflanzen einsetzen, dabei Wasser einlaufen lassen.
- Substrat im Flachwasserbereich mit Rundkies abdecken. Kies vorher gut waschen, damit der Staub aus dem Kieswerk nicht in den Teich gelangt.

Der Teichrand

Beim Teichrand müsst ihr besonders sorgfältig arbeiten. Er muss so gestaltet sein, dass von außen kein Wasser in den Teich gelangt, aber auch nichts herausfließt. Daher muss der Rand absolut in der Waage liegen. Falls der Teich bei starken Niederschlägen nicht gleichmäßig überlaufen, sondern an einer bestimmten Seite abfließen soll, könnt ihr dort den Rand etwas tiefer legen. Eine Methode, mit wenig Aufwand einen gleichmäßigen Teichrand zu gestalten, sind Leisten aus recyceltem Kunststoff. Sie werden mit kleinen Pflöcken im Boden verankert. Die Randleisten sind flexibel, sodass der Teichrand auch mit kleinen Kurven verlaufen kann. Hinter der Randleiste wird der Boden etwas abgegraben, das untere Vlies und die Folie werden dort hinein umgeschlagen und dieser Graben wird mit grobem Kies ohne Feinanteile befüllt. Das obere Vlies, auf dem das Bodensubstrat ausgebracht wird, wird nicht über die Leiste gelegt, sondern endet am oberen Teichrand. Das verhindert, dass durch die Kapillarwirkung Wasser nach außen gezogen wird.

Kunststoff im naturnahen Garten?

Teichfolie, Vlies, Leisten aus Kunststoff – gehört das in einen naturnahen Garten? Das muss natürlich jeder für sich selbst entscheiden. Es gibt zwar Möglichkeiten, einen Teich mit Lehm- oder Tonziegeln abzudichten, allerdings ist das mit einem großen Aufwand verbunden und bei kleinen Teichen schwer zu realisieren. Daher kann man auch im naturnahen Garten manchmal nicht auf künstliche Materialien verzichten. Wenn ihr EPDM-Folie anstatt PVC-Folie einsetzt, habt ihr euch auf jeden Fall für die nachhaltigere Variante entschieden. Im Gegensatz zu PVC-Folien enthält EPDM-Folie keine Weichmacher, sie ist recycelbar, lässt sich leicht verlegen und hält gut 20 Jahre.

Fieberklee (links) wächst im sumpfigen Teichbereich, Mädesüß (rechts) in der Uferzone

Das Teichsubstrat

Damit im Teich Pflanzen wachsen können, brauchen sie die passende Erde. Normaler Gartenboden eignet sich nicht als Teichsubstrat. Gartenboden würde zu viele Nährstoffe ins Wasser bringen und damit Algenwachstum fördern. Geeignet ist beispielsweise ein nährstoffarmes Gemisch aus Sand und Lehm. Ist das Substrat verteilt, darf auch schon das erste Wasser in den Teich laufen. Dabei sollte das Substrat möglichst nicht aufwirbeln. Um das sicherzustellen, legt man den Schlauch in einen Kübel, sodass das Wasser langsam über dessen Rand in den Teich läuft.

Die Pflanzen

In einem Teich gibt es unterschiedlich tiefe Bereiche und für jeden Bereich gibt es passende Pflanzen. Wasserpflanzen haben im Teich mehrere Aufgaben: Sie entziehen dem Wasser Nährstoffe, reichern das Wasser mit Sauerstoff an, bieten Nahrung und Unterschlupf für Kleintiere und sehen nicht zuletzt schön aus. Gerade bei kleinen Teichen ist es wichtig, keine zu stark wuchernden Pflanzen zu wählen. Hier ein paar Pflanzvorschläge.

Für den Uferbereich außerhalb des Teiches:

- Kriechender Günsel *(Ajuga reptans)*
- Mädesüß *(Filipendula ulmaria)*
- Sumpf-Ziest *(Stachys palustris)*

Sumpf-Dotterblume (links) und Sumpf-Schwertlilie (rechts) kommen auch mit wechselnder Feuchte gut zurecht

Für den wechselfeuchten Uferbereich im Teich:
- ▷ Sumpf-Vergissmeinnicht *(Myosotis palustris)*
- ▷ Bach-Nelkenwurz *(Geum rivale)*

Für den sumpfigen Bereich bis 20 cm:
- ▷ Fieberklee *(Menyanthes trifoliata)*
- ▷ Wasserfeder *(Hottonia palustris)*
- ▷ Sumpf-Dotterblume *(Caltha palustris)*
- ▷ Sumpf-Schwertlilie *(Iris pseudacorus)*
- ▷ Froschlöffel *(Alisma plantago-aquatica)*

Schwimmblattpflanzen für den tieferen Bereich:
- ▷ Seekanne *(Nymphoides peltata)*
- ▷ Krebsschere *(Stratiotes aloides)*
- ▷ Schwimmendes Laichkraut *(Potamogeton natans)*

Passende Teichpflege

Dass sich im Laufe der Zeit immer mehr Algen bilden, ist in den ersten Jahren nach der Anlage des Teiches normal. Fadenalgen sollte man laufend abfischen und erst eine Zeit lang am Rand des Teiches liegen lassen, damit Kleintiere den Weg zurück ins Wasser finden. Auch wird der Teich durch Umsetzungsprozesse immer nährstoffreicher. Das bedeutet, die Pflanzen wachsen stärker. Wie weit man die Pflanzen gewähren lässt, ist Geschmackssache. In einem alten, eingewachsenen Teich kann man im Juli einen Teil der Pflanzen knapp über dem Substrat zurückschneiden. Das Schnittgut fischt man ab und kann es kompostieren oder vermulchen. Beim Rückschnitt aber mit Augenmaß vorgehen, damit man keine schlüpfenden Libellen stört. Im Herbst geht es vor allem darum, eventuell herabgefallenes Laub aus dem Teich zu fischen, es sei denn, man hat vorher ein Netz installiert.

Teiche im Kübel

Nicht alle Kleingärten sind größenmäßig für einen Teich ausgelegt. Wenn ihr aber ein bisschen Platz auf der Terrasse eurer Gartenlaube habt, könnt ihr einen Wassergarten auch im Kübel anlegen. Selbst ein kleines Gefäß mit Wasserpflanzen lockt Libellen an und dient anderen Insekten als Tränke. Mit einem Mini-Teich schafft ihr einen kleinen, aber feinen Lebensraum.

Ausgediente Töpfe und Wannen werde zu Mini-Teichen

Der passende Kübel

Für Mini-Teiche kommen Zinkwannen, Maurerkübel, Emailletöpfe oder durchgesägte Weinfässer infrage. Wichtig ist, dass die Kübel das Wasser halten. Ein altes Weinfass bleibt durch das aufgequollene Holz normalerweise ausreichend dicht. Von Vorteil ist es, wenn das Holzfass aus Eiche ist. Denn das Holz sondert Gerbsäure ab, die Algen in Schach hält. Eine Zinkwanne ist in der Regel auch dicht, ansonsten kleidet ihr sie mit EPDM-Folie aus. Wichtig ist, dass ihr an einer Stelle einen Überlauf einplant, etwa mit einer kleinen Rinne, damit bei Regenfällen Wasser gezielt überlaufen kann. Und natürlich muss das Wasser dann dorthin laufen, wo es keinen Schaden anrichten kann. Wenn ihr schwarze Maurerkübel verwendet, verkleidet sie am besten mit einer Schilfmatte, damit sich der Kunststoff nicht zu sehr erwärmt. Soll im Winter das Wasser in den Kübeln bleiben, sollten die Gefäße nach oben hin breiter werden, damit sich das Eis nach oben schieben kann.

Der passende Standort

Den Mini-Teich platziert ihr am besten an einer halbschattigen Stelle. In der vollen Sonne würde das Wasser zu warm werden, das fördert die Algenbildung. Je nach Größe empfiehlt es sich, den Mini-Teich gleich an seinem endgültigen Platz zu gestalten, da sich die mit Pflanzen, Wasser und Steinen gefüllten Gefäße kaum noch bewegen lassen.

Randleisten helfen bei der Gestaltung des Teichrands. Auf Teichfolie und Vlies werden Betonplatten und Klinker als Trockenmauer aufgestapelt, um die Wand abzufangen.
Die Kapillarsperre aus grobem Kies verhindert, dass Wasser aus dem Teich gezogen wird.
Die Pflanzen brauchen ein nährstoffarmes Substrat. Nach der Pflanzung darf das Wasser in den Teich fließen. (Mehr zum Bau auf Seite 138.)

Der Teich im LBV-Biodiversitätsgarten in München

Wie sich ein Teich auf kleiner Fläche anlegen lässt, kann man in der Kleingartenanlage NW 1 in München sehen. Dort hat die Kreisgruppe München des Landesbunds für Vogel- und Naturschutz mit Planerin Miriam Henning einen Schaugarten angelegt. 2021 begann die Umgestaltung einer »klassischen« Parzelle in einen strukturreichen Naturgarten. Neben Trockenmauern, Mager- und Schattenbeeten, Totholzhaufen und dem Teich findet man Gemüsebeete mit traditionellen, samenfesten Sorten und verschiedene Beerensträucher und Obstbäume. Der Biodiversitätsgarten zeigt, dass auch auf kleiner Fläche gärtnerische Nutzung und Artenschutz kein Widerspruch sein müssen.

Der Teich darf hier laut Gartenordnung nicht größer sein als 6 Quadratmeter und nicht tiefer als 80 cm. Mindestens 60 cm tief soll der Teich am Ende werden, damit sich das Wasser im Sommer nicht zu stark erwärmt. Geht man von einem Böschungsgefälle von 1:3 aus, bräuchte der Teich allerdings eine Oberfläche von gut 10 Quadratmeter. Und bei zu steilen Ufern würde das Teichsubstrat abrutschen und hereingefallene Tiere könnten nicht mehr aus dem Teich krabbeln. Die Lösung: Zwei Bereiche des Teichufers werden nahezu senkrecht gestaltet. Ganz im Sinne der Wiederverwertung alter Materialien kommt dafür das zum Einsatz, was beim Ausheben der Teichgrube ans Tageslicht gekommen ist. Darunter alte Klinker, Pflastersteine und Betonplatten. Die werden im Prinzip einer Trockenmauer gestapelt und fangen das Steilufer ab.

Die alten, gebrochenen Betonplatten werden vorher abgewaschen, damit keine Nährstoffe in den Teich gelangen. Lässt man beim Schichten der Platten Lücken, können sich dort später Libellenlarven, Wasserkäfer oder Molche verstecken. Die übrigen Uferbereiche werden flach modelliert, sodass Tiere problemlos in den Teich gelangen können – und wieder hinaus.

Der 280 Quadratmeter große Biodiversitätsgarten der LBV-Kreisgruppe München wurde von Miriam Henning geplant und liegt in der Kleingartenanlage NW 1 nahe der Gaststätte »Zur Linde« in der Sadelerstraße 20, 80638 München. Von der U-Bahnstation Westfriedhof (U1/U7) sind es etwa zehn Minuten Fußweg. Der Garten steht von Mai bis Oktober bei gutem Wetter jeweils mittwochs von 16 bis 18 Uhr für Besucherinnen und Besucher offen.

Der Teich ist nur ein naturnahes Element von vielen im LBV-Garten

Das Zubehör

Neben dem passenden Gefäß benötigt ihr für einen Mini-Teich Pflanzen, die passende Erde, Pflanzkörbe, saubere Ziegelsteine sowie Kiesel und Totholz. Bei der Erde ist es wichtig, dass es sich um ein nährstoffarmes Substrat handelt, damit sich nicht zu viele Algen bilden. Im Handel gibt es spezielle Teicherde. Lehmiger Gartenboden eignet sich ebenfalls. Er sollte aber aus tieferen Bodenschichten stammen, damit möglichst wenig organisches Substrat enthalten ist. Der lehmige Boden hat den Vorteil, dass er recht fest ist und somit kaum aufschwimmt. Um Erde zu sparen und damit den Nährstoffeintrag in den Mini-Teich zu reduzieren, werden lediglich die Pflanzkörbe befüllt. Ein weiterer Vorteil ist, dass die Pflanzen so nicht fest mit dem Untergrund verbunden sind und auch noch nachträglich umgestellt werden können. Frostempfindliche Pflanzen wie die Seerose können vor dem Winter einfach aus dem Mini-Teich herausgenommen und an einem frostfreien Platz aufgestellt werden.

Die Pflanzen

Im Gegensatz zum normalen Teich kommen für die Mini-Variante nur solche Pflanzen infrage, die nicht zu stark wachsen und auch mal mit schwankenden Wasserständen zurechtkommen.

Wasser und naturnahe Deko

Zum Schluss deckt ihr die Oberflächen der Pflanzkörbe noch mit Kies ab. Das wirkt natürlich und der Boden wird nicht aufgewirbelt. Jetzt noch nach Geschmack Totholz platzieren. Und zwar so, dass es auch Insekten als Ausstiegshilfe dient. Dann heißt es: Wasser marsch. Am besten füllt ihr den Mini-Teich mit Regenwasser oder abgestandenem Leitungswasser. Die meisten Pflanzen fühlen sich am wohlsten, wenn der pH-Wert zwischen 6 und 8,5 liegt. Das Wasser vorsichtig einlaufen lassen, damit nichts aufgewirbelt wird. Direkt nach dem Auffüllen ist das Wasser meist noch trüb, mit der Zeit setzen sich die Schwebstoffe ab und das Wasser ist wieder klar.

Die Pflege

Wenn die Wasserpflanzen noch klein sind, bilden sich anfangs schnell Algen, die ihr einfach abfischt. Je größer die Wasserpflanzen werden, desto mehr Nährstoffe entziehen sie dem Wasser, was wiederum das Algenwachstum bremst. Um zu verhindern, dass Mücken ihre Eier im Mini-Teich ablegen, könnt ihr eine kleine solarbetriebene Pumpe einsetzen, die das Wasser bewegt. Denn das mögen die Mücken gar nicht. Ihr solltet mit einem kleinen Netz sicherstellen, dass dort, wo das Wasser eingesaugt wird, keine Kleintiere in die Pumpe gelangen. Weiterhin könnt ihr Mückenlarven mit einem engmaschigen Kescher abfischen oder auf natürliche Fressfeinde warten. Dazu gehören Rückenschwimmer oder Wasserläufer. Und wenn ihr euren Mini-Teich so aufstellt, dass Spinnen in der Nähe Platz für ihre Netze haben, bleiben viele Mücken gleich dort hängen.

Und was passiert im Winter? Heimischen Pflanzen wie Froschlöffel, Tannenwedel und Sumpf-Gladiole macht der Frost in der Regel nichts aus. Sie dürfen im Kübel bleiben. Dafür muss der Kübel stabil genug sein und darf bei Frost nicht auseinanderbrechen. Die Seerose ist frostempfindlich. Sie sollte an einem frostfreien Platz überwintern. Dafür die Seerose aus dem Kübel nehmen, zurückschneiden und anschließend in einen mit Wasser gefüllten Kübel setzen. Der Ort zum Überwintern sollte kühl, eher dunkel und frostfrei sein. Ideal ist eine Temperatur von 0 °C bis 10 °C.

Damit die Wasserpflanzen den Mini-Teich nicht überwachsen, könnt ihr sie regelmäßig zurückschneiden. Nach einigen Jahren sind sie dann meist dennoch so groß geworden, dass ihr sie teilen solltet.

Schattigere Bereiche sind für die Mini-Teiche genau richtig

Pflanzvorschlag von Susanne Spatz-Behmenburg

Susanne Spatz-Behmenburg von der Gärtnerei Stauden-Spatz im oberbayerischen Oberhausen hat für einen Teich in einer Zinkwanne folgenden Vorschlag:

- An die tiefste Stelle setzt sie eine klein bleibende Seerose der Sorte 'Michael Berthold'. Die fühlt sich in einer Wassertiefe von 30 bis 50 cm wohl.
- Für die Sumpfzone, also den Bereich von 0 bis 20 cm, eignen sich Froschlöffel *(Alisma plantago-aquatica)*, Tannenwedel *(Hippuris vulgaris)* und Sumpf-Gladiole *(Gladiolus palustris)*. Um die Pflanzen auf die richtige Höhe zu bringen, stellt man die Pflanzkörbe auf einen Ziegel.
- Dann kommt noch das Gemeine Hornkraut *(Ceratophyllum demersum)* dazu, eine Schwimmpflanze, die das Wasser reinigt.

Es geht aber noch kleiner. Susanne Spatz-Behmenburg füllt zwei weitere kleine Kübel mit lehmiger Erde. Einer wird mit essbaren Stauden bepflanzt, und zwar mit Brunnenkresse *(Nasturtium officinale)* und Wasserminze *(Mentha aquatica)*. Der zweite Kübel hat Blüten zum Schwerpunkt; in ihm wachsen Sumpf-Dotterblume *(Caltha palustris)*, Sumpf-Iris *(Iris pseudacorus)* und Pfennigkraut *(Lysimachia nummularia)*.

»Totes« Holz als Lebensraum

In Kleingärten fällt jedes Jahr aufs Neue eine Menge Schnittgut an. Besonders von Anfang Oktober bis Ende Februar, wenn im Rahmen des Bundesnaturschutzgesetztes stärkere Schnittmaßnahmen an Sträuchern und Hecken erlaubt sind. In dieser Zeit schneiden auch viele Gärtnerinnen und Gärtner ihre Obstbäume, sodass sich in vielen Anlagen haufenweise Schnittgut sammelt. Aber wohin mit dem ganzen Holz? Zur Deponie? Viel zu aufwendig! Nachhaltiger, ökologischer und günstiger ist es, einen Großteil der Äste und Zweige in der eigenen Parzelle zu belassen. Vor allem von noch aufrecht stehenden Stämmen profitieren Pilze, Flechten, Moose, Farne, Insekten, Reptilien, Vögel und auch Säugetiere. Der Begriff »Totholz« ist irreführend. Denn im vermeintlich toten Holz tobt das Leben. Allein rund 25 Prozent aller in Deutschland lebenden Käferarten sind auf Holz verschiedener Zerfallsstadien angewiesen.

Attraktives Gestaltungselement

Richtig platziert, kann Totholz gestalterische Aufgaben im Garten übernehmen. Als Beeteinfassung, als Element im Staudenbeet, als Weg, als Totholzpyramide oder als Abtrennung einzelner Gartenbereiche. Das ist garantiert nichts von der Stange und ein Schritt zu mehr Artenvielfalt! Denn jede Art von Totholz ist ökologisch bedeutend. Ob wuchtiger Stamm oder kleiner Asthaufen, ob in der Sonne oder im Schatten, ob nass oder trocken: Je nach Verfallsstadium und Baumart leben die unterschiedlichsten Tiere an und von totem Holz. Käfer fressen für die Eiablage Gänge ins Holz, die später von solitären Bienen und Wespen genutzt werden. Unter der Rinde krabbeln Asseln und Tausendfüßer, bunte Schnaken legen Eier in morsche Stämme. Schaut mal genau hin. Ihr werdet begeistert sein.

Wer lebt da?

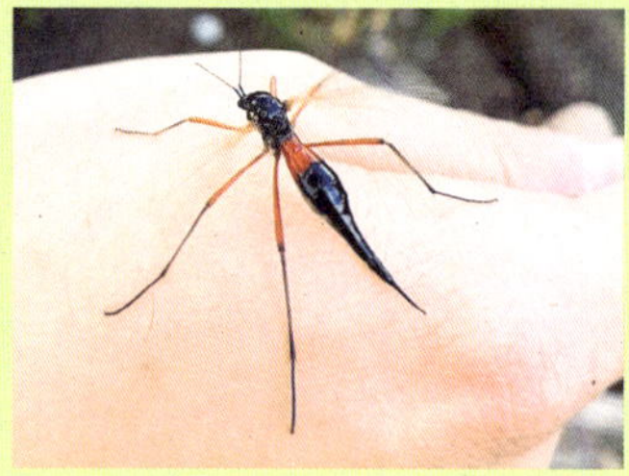

Schwarze Kammschnake

Je nach Zersetzungszustand des Holzes finden die unterschiedlichsten Tiere ihre Nische. Und einige konnten wir auch schon in unserem Kleingarten beobachten. Der Echte Widderbock *(Clytus arietis)* und der Leiterbock *(Saperda scalaris)* gelten als Frischholzbesiedler, bevorzugen also noch lebendes Holz beziehungsweise Holz bis zu einem Jahr nach Absterben des Gehölzes. Die Schwarze Kammschnake *(Tanyptera atrata)* besiedelt sowohl frisches als auch stärker zersetztes Totholz. Die Larven des Vierfleckigen Kieferglanzkäfers *(Glischrochilus quadripunctatus)* entwickeln sich unter der Rinde.

Beeteinfassung aus Stammholz

Zu den Aufgaben unseres Kleingartenvereins gehört es auch, einen Teil der vor der Anlage liegenden Grünflächen zu pflegen. Ab und an muss mal aus Sicherheitsgründen ein Baum gefällt werden, sodass auch dickere Äste und Stämme anfallen. Aus diesen haben wir auch kleine Hochbeete gebaut. In den Stämmen und unter der Rinde können sich Käfer und andere Tiere verstecken. In dicken Ästen, die schon hohl sind, nisten bei uns Blattschneiderbienen *(Megachile willughbiella)*. Diese Bienen kleiden ihre Nester mit Blättern aus, wie beim Tapezieren. Es ist immer wieder spannend zu sehen, wie die Tiere mit selbst gerollten Blättern durch den Garten in ihr Nest fliegen.

Reisighaufen anlegen

Die wohl einfachste Möglichkeit, Schnittgut im Garten zu verarbeiten, sind Totholz- und Reisighaufen. Darauf landen Wurzelstöcke, Äste, Zweige, unbehandeltes Holz und Laub. Den Haufen einfach direkt an der gewählten Stelle aufschichten oder, so wird er für Kröte und Co. noch attraktiver, mit einem Keller versehen. Dafür ein 50 bis 60 cm tiefes Loch ausheben, dieses mit groben Wurzelstücken und Ästen füllen. So, dass möglichst viele Hohlräume entstehen. Und dann immer weiter nach oben aufbauen. Im Laufe der Zeit sackt der Haufen zusammen und es wird weiteres Material nachgelegt. In einem Totholzhaufen fühlen sich Würmer, Spinnen, Asseln, Käfer und Ameisen wohl, aber auch Kröten und Igel ziehen ein.

Holzhäckselwege im Gemüsebeet

Ein Teil des Schnittgutes, das in unserer Anlage auf den Gemeinschaftsflächen und in den Gärten anfällt, wird gehäckselt. Die Holzhäcksel können sich die Gärtnerinnen und Gärtner dann abholen und wieder in ihrem Garten verteilen. Etwa als Material für kleine Wege. So kann aus einem Weg auch gleich ein Lebensraum für verschiedene Käfer werden. Dafür die spätere Wegefläche 20 bis 30 cm tief ausheben und mit Holzhäcksel füllen. Eine Tragschicht aus Kies ist bei dieser Variante nicht gewollt, denn in dem Weg sollen sich möglichst viele Insekten entwickeln können. Ein solcher Weg ist zwar nicht dauerhaft, muss also regelmäßig wieder aufgefüllt werden, ist aber sonst ausgesprochen pflegeleicht. Die Variante eignet sich für Wege, die nicht stark belastet werden. Also in Bereichen, in denen ihr nicht ständig mit der vollen Schubkarre unterwegs seid.

Baumtorso als Hingucker

Alte Obstbäume, die im Kleingarten gefällt werden müssten, können ein wertvoller Lebensraum werden. Dafür werden die Bäume nur so weit zurückgeschnitten, dass von ihnen keine Gefahr mehr ausgeht. In Stammlöchern können Vögel nisten oder sich Fledermäuse zurückziehen, mürbes Holz nutzen Hornissen für ihre Nester und vielleicht nistet auch irgendwann eine Holzbiene im Stamm. Immer mal wieder müssen alte Bäume gefällt werden, weil sie zu nah an der Grenze zum Nachbarn stehen. Auch hier wären im Sinne der Artenvielfalt der Rückschnitt und das Belassen des Stammes die bessere Wahl. An einem solchen Stamm könnte beispielsweise eine Kletterrose emporranken und so das Ganze zu einem blühenden Hingucker machen. Alte Obstbäume, die kaum noch Früchte liefern und in erster Linie als Lebensraum für Tiere dienen, zählen natürlich nicht mehr zur gärtnerischen Nutzung.

Totholzhecke auf der Gemeinschaftsfläche

Einmal im Jahr gibt es in vielen Kleingartenanlagen das große »Aufräumen«. Bäume und Sträucher der Gemeinschaftsflächen werden zurückgeschnitten und das Schnittgut wird abtransportiert. Und wenn wir unser Schnittgut in unseren Gärten lassen, könnten wir das Gemeinschaftsschnittgut doch auch auf der Gemeinschaftsfläche lassen. Als große Benjes-Hecke beispielsweise. Eine solche Totholzhecke kann viele Meter lang sein und somit auch eine Alternative für klassische Zäune. So wird aus der Abtrennung gleichzeitig ein Lebensraum. Eine Benjeshecke ist ein breiter Wall aus geschichtetem Gehölzschnitt. Der ursprüngliche Gedanke dahinter: Auf den Wällen lassen sich unter anderem Vögel nieder, die in der Umgebung die Samen verschiedener Sträucher gefressen haben. Einige der Samen passieren den Verdauungstrakt der Tiere unbeschadet und werden im Bereich des Totholzes ausgeschieden. Hier können die Samen keimen und zu neuen Sträuchern heranwachsen. Der Name dieses Heckensystems stammt von dem Gärtner Hermann Benjes. Mit seinem Bruder entwickelte er die Idee, aus aufgeschichtetem Schnittholz neue Hecken entstehen zu lassen. Aber auch ohne Sträucher ist diese Totholzhecke ein wertvoller Lebensraum.

Der Aufbau einer solchen Totholzhecke ist immer ähnlich. Damit der Wall nicht auseinanderrutscht, schlägt man beidseitig alle 1 bis 2 m Stämme oder Pfähle in den Boden. Die sollten aus Stabilitätsgründen mindestens 40 cm im Boden einbinden. Dann wird mit Schnittgut zwischen den Stämmen aufgefüllt. Dicke und dünne Äste werden ineinandergeschoben und verkeilt. So entstehen kleine und große Hohlräume, in denen sich Vögel und Kleinsäuger verstecken können. Das Material verrottet mit der Zeit und sackt zusammen. So kann man jedes Jahr aufs Neue Material nachstopfen und das angefallene Schnittgut ist aufgeräumt und hat noch einen ökologischen Nutzen.

Totholzhecke am Rand einer Kleingartenanlage in Dresden

Macht Totholz meinen Garten krank? Das sagt Pflanzenschutzexperte Thomas Lohrer dazu

Eine Frage, die uns bei Gartenführungen immer wieder gestellt wird: »Hole ich mir mit den Holzresten denn keine Pilze oder Krankheiten in den Garten, die meine Pflanzen zerstören?« Thomas Lohrer, Pflanzenschutzexperte an der Hochschule Weihenstephan-Triesdorf zerstreut diese Bedenken und sagt dazu: »Es handelt sich bei den Pilzen, die auf dem Totholz leben, um sogenannte Saprophyten, diese ernähren sich von toter organischer Substanz und bereiten unseren lebenden Pflanzen im Garten keine Probleme.« Wie immer in der Natur, gibt es auch hier kleinere Einschränkungen. So gibt es einige Pilzarten – sogenannte »fakultative Parasiten« –, die sich allein in Abhängigkeit bestimmter Einflussfaktoren saprophytisch oder parasitisch ernähren können. Hierzu gehört mit Blick auf unsere Holzreste im Garten insbesondere der Rotpustelpilz, bei dem man etwas aufmerksamer sein sollte. Dieser Pilz zersetzt Totholz, hat also eine wichtige ökologische Aufgabe, kann aber als Wundparasit auch gesundes Gewebe angreifen: »Vor allem geschwächte Heckenpflanzen wie beispielsweise Hainbuchen mit ihren zahlreichen, unsauberen Schnittwunden sind gefährdet. Dort kann der Pilz leicht eindringen. Und wenn das Gewebe abgestorben ist, treten orange gefärbte Fruchtkörper in der Größe von 1 bis 3 mm auf, die wie kleine Pusteln aussehen. Dann wäre es wichtig, diese Bereiche herauszuschneiden, sonst werden Sporen gebildet und diese können neues Gewebe infizieren.« Gefährdet sind neben jungen Bäumen – insbesondere Ahorn – oder Sträuchern nach einem Schnitt auch Pflanzen, die kurzzeitig unter einem Wassermangel gelitten haben.

Rotpustelpilz

Aus dem alten Obstbaum ist ein neuer Lebensraum geworden

Steinhaufen als Tierquartier

Ein Steinhaufen kann im Kleingarten nicht nur ein spannendes Gestaltungselement sein, er bietet auch zahlreichen Tieren Unterschlupf und ist damit ein wichtiger Baustein des naturnahen Gärtnerns. Im Rahmen der Zertifizierung »Bayern blüht – Naturgarten« ist ein Steinhaufen Teil des Kernkriteriums »Gesamteindruck des Gartens: hohe ökologische Vielfalt«. Und auch bei allen anderen Zertifizierungen in Sachen naturnaher Kleingarten sammelt ihr damit Pluspunkte. Ein Steinhaufen sollte daher in keinem Kleingarten fehlen.

Groß oder klein?

Je größer der Steinhaufen ist, desto mehr Tiere können davon profitieren. In Haufen, die 50 cm in die Tiefe gehen und etwa 3 m^3 umfassen, können beispielsweise Kröten, Eidechsen oder Blindschleichen den Winter verbringen. Dafür braucht ihr natürlich Platz. Aber auch in einem kleinen Steinstapel stellt sich schnell eine Menge Leben ein. Spinnen, Käfer und Asseln können sich hier verstecken oder auf Nahrungssuche gehen.

Material und Standort

Aus welchen Steinen ihr den Haufen anlegt, ist Geschmackssache und hängt von den verfügbaren Materialien ab. Wer es einheitlich mag, errichtet den Haufen beispielsweise nur aus großen Kieseln. Aber auch zerschlagene und gestapelte Betonplatten können ein kleiner Lebensraum werden. Wichtig ist nur, dass alle Steine fest verkeilt werden, damit nichts abrutscht. Idealerweise liegt der Steinhaufen in der Sonne, die Steine heizen sich tagsüber auf und halten die Wärme bis in die Abendstunden. In den Zwischenräumen können sich Reptilien wie Zauneidechsen und Blindschleichen verstecken, Wildbienen und weitere Insekten können hier unterschlüpfen und nisten. Aber auch ein Steinhaufen an einem schattigen und feuchten Platz zieht viele Tiere an. Steinmaterial findet ihr oft in Kleinanzeigen oder vielleicht sogar bei den Nachbarn. Das wäre natürlich am einfachsten. Denn einen Steinhaufen anzulegen, ist eine ganz schöne Schlepperei.

Der Steinhaufen wächst jedes Jahr weiter. Die Aussaat bunt blühender Pflanzen neben dem Haufen bietet Wildbienen und anderen Insekten Futter.

Haufen mit Keller im wilden Eck

In einer Gartenecke haben wir ein etwa 50 cm tiefes Loch ausgehoben, mit Steinen und Holzresten aufgefüllt und zu einem Haufen aufgetürmt. An der Sohle haben wir aus alten Betonplatten unterschiedlich große »Kammern« geschaffen, dann durfte der Haufen Schicht für Schicht nach oben wachsen. Hauptsache, es entstehen möglichst viele Hohlräume. Für Stabilität sorgt das Gerüst aus Steinen, damit der Haufen nicht zusammenfällt. In den statisch unwichtigen Bereichen haben wir mit Holzresten aufgefüllt. Der Haufen ist eingefasst von kleinen Essigrosen und lag anfangs den ganzen Tag in der Sonne. Mittlerweile ist er durch die kleinen Sträucher sowie Wildblumen wie Wegwarte und Eibisch morgens im Schatten. Spinnen, Käfer, Kellerasseln und verschiedene Wanzen konnten wir in dem Haufen schon beobachten sowie Kröten und Frösche. Der Steinhaufen liegt an der Westseite der Parzelle, an der Grenze zu unseren Nachbarn. Hier ist der Bereich, den wir im Garten so gut wie das ganze Jahr in Ruhe lassen. Stein- und Totholzhaufen bilden klein strukturierte Lebensräume, zwei Hecht-Rosen *(Rosa glauca)*, heimische Wildstauden wie die Gemeine Goldrute *(Solidago virgaurea)*, Acker-Witwenblume *(Knautia arvensis)*, Wiesen-Storchschnabel *(Geranium pratense)*, Natternkopf *(Echium vulgare)* sowie Königskerzen *(Verbascum)* sorgen für Insekten- und Vogelfutter. Die Stauden schneiden wir ab April zurück und stecken sie als ganze Stängel in unsere Totholzhaufen, sodass sich Vögel noch an den Samen bedienen oder eventuell überwinternde Insekten schlüpfen können.

Nisthilfen und kleine Quartiere für Tiere

Ein strukturreicher Kleingarten mit viel Gemüse, Wildpflanzen und Obst ist die beste Voraussetzung, um Tiere zu unterstützen. Mit selbst gebauten Nisthilfen und Quartieren könnt ihr nun noch zusätzlich die Artenvielfalt fördern. Vor allem Wildbienen, Vögel und Fledermäuse nehmen diese künstlichen »Bauwerke« an. Eine ideale Möglichkeit, die Tiere zu beobachten. Und dadurch, dass wir die Nisthilfe selbst bauen, beschäftigen wir uns automatisch mit den Bedürfnissen der Tiere. Denn die müssen wir kennen, damit unsere Bauwerke auch wirklich angenommen werden.

Sandarium anlegen

Als zusätzlichen Lebensraum für erdnistende Wildbienen und solitäre Wespen haben wir an der sonnigsten Stelle unseres Kleingartens ein kleines Sandarium angelegt. Denn ein großer Teil der in Deutschland heimischen Wildbienenarten nistet im Boden. Dort graben sie Röhren und Gänge, in denen sich der Nachwuchs entwickelt. Und ihr müsst euch keine Sorgen machen, sowohl die Wildbienen als auch die solitären Wespen sind ausgesprochen friedlich und stechen nur bei akuter Bedrohung, etwa wenn man sie drückt. Stacheln besitzen auch nur die Weibchen. Dieser Stachel ist in der Regel zu schwach, um die Haut eines Menschen zu durchdringen.

Bei uns hat es etwa zwei Jahre gedauert, bis die ersten Wildbienen das Sandarium als Nistplatz für sich entdeckt haben. Aber seitdem können wir sie jedes Jahr beobachten.

Und so geht's:

- Standort: nach Süden ausgerichtet, am besten an einer etwas geschützten Stelle, ein Regenschutz ist nicht zwingend nötig.
- Mindestgröße 0,5 m², 50 cm tief (bzw. hoch, wenn es als Hochbeet angelegt ist).
- Ein Hochbeet ist dann die bessere Wahl, wenn der anstehende Boden verdichtet ist. Dann kann Regenwasser nicht abfließen und es bildet sich ein Sumpfbeet.
- Je größer die Fläche, desto eher wird sie von Wildbienen angenommen. Aber auch hier ist natürlich entscheidend, mit welchem Aufwand ihr den Sand in den Garten transportieren könnt.
- Ob die Fläche von Bodennistern angenommen wird, hängt nach wissenschaftlichen Untersuchungen vom Humusgehalt, der Bodendichte und der Bodenfeuchtigkeit ab. Eine hohe Artenvielfalt ist laut Wildbienenexperte Volker Fockenberg bei Feinsand zu erwarten. Das ist ein sehr reiner Quarzsand mit Korngrößen zwischen 0,063 mm und 0,25 mm.
- Als Einfassung bei Hochbeeten eignen sich, je nach Geschmack und Verfügbarkeit, Stämme, Beton- und Natursteine oder Flechtzäune aus Reisig.
- Mulde oder Hochbeet mit ungewaschenem, lehmigem Sand in etwa 15 cm dicken Schichten auffüllen und festtreten. Gewaschener Sand eignet sich nicht, da dann die Brutröhren der Wildbienen nicht halten.
- Als weiteren Lebensraum Totholz auf der Fläche platzieren.
- Das Sandarium solltet ihr weitgehend von Bewuchs frei halten. Allerdings haben wir auch schon Wildbienen beobachtet, die ihre Röhren zwischen die Pflanzenwurzeln gegraben haben. Zusätzlich ist es wichtig, den Wildbienen in unmittelbarer Nähe Nahrung in Form von Wildblumen anzubieten. Etwa Glockenblumen, Thymian, Mauerpfeffer oder Ochsenauge.

Erdnistende Wildbienen in unserem Sandarium

Nisthilfen für Wildbienen und solitäre Wespen

Nisthilfen sind eine tolle Möglichkeit, sich dem Verhalten und Leben von Wildbienen und solitären Wespen zu nähern. Dafür müsst ihr aber keines der vielfach angebotenen »Insektenhotels« kaufen, die man in verschiedenen Ausführungen in Baumärkten und Gartencentern findet. Sie sehen meist aus wie große Setzkästen und sind gefüllt mit Zapfen, Baumrinde, Stroh oder Schilfstängeln. Diese »Insektenhotels« werden aber kaum von den erwünschten Tieren angenommen, da sie völlig an den Bedürfnissen der Tiere vorbeigehen. Röhren als Nistplatz für Wildbienen sind da schon sinnvoller. Häufig findet man daher angebohrte Holzklötzchen. Diese bestehen jedoch oft aus Weichholz und stellen bei Feuchtigkeit im Innern der Röhren die Fasern auf. Außerdem wurde meist ins Stirnholz gebohrt, was die Rissbildung fördert.

Eine Rote Mauerbiene zieht in das Röhrchen ein

Mit einer Nisthilfe werdet ihr keine Wildbienen »retten«. Denn von den über 500 heimischen Wildbienenarten nistet der Großteil im Boden. Aber, und so war es auch bei uns, eine solche Nisthilfe ist ein idealer Einstieg, sich näher mit Wildbienen zu beschäftigen. Die Arten, die vorhandene Hohlräume besiedeln und an Nisthilfen auftauchen, sind in der Regel Arten, die auch ohne Nisthilfen zurechtkommen würden. Aber wie sehen denn nun funktionierende Nisthilfen aus?

Nisthilfen selbst bauen

Die Wildbienen, die wir mit unseren Nisthilfen unterstützen wollen, nisten in kleinen Gängen, die an einer Seite verschlossen sind. Je nach Wildbienenart brauchen die Tiere Löcher mit Durchmessern von 2 bis 9 mm. Nisthilfen sind umso erfolgreicher, je näher sie dem natürlichen Vorbild kommen. Die natürlichen Vorbilder dieser Nisthilfen sind Fraßgänge, die Käferlarven im Holz hinterlassen haben. Diese Röhren sind sauber und glatt. Und das ist auch das Wichtigste an künstlichen Nisthilfen: Die Röhren müssen absolut sauber gearbeitet sein. Denn die Wildbienen legen ihre Eier in die Röhren und platzieren dazu als erste Nahrung gesammelten Pollen. Um den Pollen abzustreifen, kriechen sie rückwärts in die Gänge. Steht dann ein Splitter ab, zerreißt es der Wildbiene die Flügel –

ihr Todesurteil. Daher meiden die Tiere auch solche Röhren. Dass die Nisthilfe angenommen wurde, erkennt ihr daran, dass die Röhren verschlossen sind.

Nisthilfe aus Bambus

Die Niströhren könnt ihr beispielsweise aus hohlen Bambusstängeln schneiden. Die haben an ihren Stängeln kleine Knoten, hinter denen man schneidet. So hat die Röhre gleich ein verschlossenes Ende. Bambusstängel enthalten häufig ein weißes Mark, das solltet ihr mit einer Schraube oder einer dünnen Bürste entfernen. Und zum Schluss noch die Öffnung schön glatt schleifen, denn sonst könnte sich die Wildbiene ihre Flügel verletzen. Die Halme könnt ihr dann bündeln. Wir haben sie in eine Dose gestopft, deren Boden wir vorher mit Gips ausgegossen haben. In den Gips haben wir die Halme gesteckt, so sitzen sie fest und fallen nicht heraus. Die Dose dann aber nicht in die volle Sonne hängen, damit es im Innern nicht zu heiß wird. Die Dose liegt bei uns im beschatteten Fach einer größeren Nisthilfe.

Bohrlöcher im Holzblock

In trockene, gut abgelagerte und entrindete Holzblöcke (zum Beispiel von Obstbäumen, Esche oder Buche) könnt ihr Löcher als Nisthilfe bohren. Dabei aber nicht ins Stirnholz bohren (dort, wo man die Jahresringe sieht), sondern in die Seite des Holzstücks. Achtet bei den Durchmessern wieder auf Größen zwischen 2 und 9 mm. Dann so tief bohren, wie es geht, die Späne mit einer kleinen Bürste oder einem Pfeifenreiniger entfernen und die Oberflächen abschleifen. Es dürfen keine scharfen Kanten stehen bleiben. Mit einem Maschendraht, den ihr 5 bis 10 cm entfernt von der Nisthilfe anbringt, könnt ihr den Wildbienennachwuchs vor Vögeln schützen. Nadelholz eignet sich übrigens nicht für eine Nisthilfe. Das austretende Harz würde den Bienen die Flügel verkleben.

Das Gitter vor der Nisthilfe schützt den Wildbienennachwuchs

Der richtige Platz für die Nisthilfe

Ihr mögt es sicher auch nicht, wenn es ständig windig und nass ist. Das geht den Wildbienen genauso. Daher braucht eure Nisthilfe einen sonnigen, trockenen und windgeschützten Platz, etwa an einem Dachüberstand an der Hauswand. Die Öffnungen sollten am besten nach Südosten oder Südwesten zeigen und die Nisthilfe sollte so befestigt werden, dass sie nicht wackelt. Das Umfeld sollte frei sein, damit die Bienen anfliegen können. Und hängt die Nisthilfe am besten dort auf, wo ihr die Tiere gut beobachten könnt. Reinigen müsst ihr die Niströhren übrigens nicht, das übernehmen die Wildbienen.

Markhaltige Stängel

Einige Wildbienen und solitäre Wespen nisten in markhaltigen Stängeln. Für uns sind diese kleinen Wespen völlig ungefährlich. Nicht allerdings für Blattläuse, denn einige Wespenarten sammeln Blattläuse für ihren Nachwuchs. Bieten wir passende Nistgelegenheiten, halten die kleinen Wespen die Blattläuse auch in unseren Kleingärten in Schach. Dafür brauchen wir Halme von Brombeere, Karde oder Königskerze in einer Länge von 50 bis 100 cm. Die Halme schräg anschneiden, damit das Mark freiliegt. So können sich die Tiere leicht ins Innere der Halme nagen. Dann die Halme senkrecht aufstellen oder anbinden. Waagerecht befestigte Halme werden in der Regel nicht besiedelt. Denn in der Natur stehen die Stängel auch senkrecht oder leicht schräg, wenn die Pflanzen durch starken Wind abbrechen. Eine einfache Alternative: Abgeblühte Königskerzen einfach stehenlassen, nur den Blütenstand abschneiden und so das Mark freilegen.

Eine Wildbiene der Gattung Hoplitis nagt sich durchs Mark

Wildbienen-Beobachtungen im Kleingarten

Die Gehörnte Mauerbiene *(Osmia cornuta)* und die Rostrote Mauerbiene *(Osmia bicornis)* siedeln sich mit ziemlicher Sicherheit in unserer Nisthilfe an. Sie schlüpfen an unseren Nisthilfen in der Regel als Erste. Die Gehörnte Mauerbiene fliegt etwa ab Mitte März bis Ende April, die Rostrote Mauerbiene von Mitte April bis Ende Mai. Im Kleingarten sind die beiden Arten gerne gesehen, denn sie sind extrem effiziente Bestäuberinnen unserer Obstbäume.

Nachmieter im Schneckenhaus

Habt ihr leere Schneckenhäuser im Garten gefunden? Lasst sie ruhig liegen. Denn in leeren Schneckenhäusern nistet die Zweifarbige Mauerbiene *(Osmia bicolor)*. Hat die Biene ein Ei in das Schneckenhaus gelegt und die Öffnung verschlossen, dreht sie es nach unten. Um das Nest zu tarnen, transportiert sie trockene Halme in verschiedenen Größen zum Schneckenhaus. Helfen wir der kleinen Mauerbiene bei der Materialsuche, indem wir unsere Gärten nicht zu sehr aufräumen.

Schön geschnitten

Wenn ihr an den Blättern von Rosen, Obstbäumen oder anderen Sträuchern fein säuberlich geschnittene, halbkreisförmige Löcher findet, habt ihr ziemlich sicher eine Blattschneiderbiene *(Megachile)* im Garten. Mit ihren Mundwerkzeugen schneiden sie kleine Stückchen aus den Blättern heraus. Diese Blattstückchen rollen sie zusammen und transportieren sie unter ihrem Bauch ins Nest (siehe Seite 23). Mit den Blättern tapezieren die Bienen die Innenwände ihrer Brutzellen. Ihr könnt euch also freuen, wenn demnächst mal eine Biene mit einer Selbstgerollten vorbeifliegt.

Der vogelfreundliche Kleingarten

Naturnahe Kleingartenanlagen bieten einen idealen Lebensraum für viele unserer heimischen Wildvögel. In der abwechslungsreichen Struktur mit Obstbäumen, Gemüsebeeten, Sträuchern, Stauden, Teichen, Laub- und Totholzhaufen finden sie Beeren, Sämereien und Insekten, Unterschlupf und Nistplätze. Viele Vögel helfen uns auch im Nutzgarten, da sie Blattläuse fressen. Denn für die Aufzucht ihrer Jungen sind die meisten Singvögel auf Insekten als proteinreiche Nahrung angewiesen. Wenn wir zusätzlich künstliche Nisthilfen anbieten, wird unser Kleingarten für die Tiere noch attraktiver. Vor allem Höhlen- und Halbhöhlenbrüter wie Kohlmeise, Blaumeise, Spatz, Gartenrotschwanz und Rotkehlchen nehmen Nistkästen gerne an. Wenn wir dann noch einen »unaufgeräumten« Kleingarten haben, in dem kleine Zweige, Halme und Moos herumliegen, finden die Vögel auch passendes Material für den Nestbau. Nisthilfen sind kein Ersatz für morsche, mit Höhlungen durchzogene Baumstämme, aber durch den Bau solcher Kästen können wir die Lebensweise der Tiere kennenlernen und sie beobachten. Gute Bauanleitungen findet ihr bei Naturschutzverbänden.

Der richtige Zeitpunkt und das passende Material

Ein guter Zeitpunkt zum Aufhängen von Nistkästen ist der Herbst. Dann können die Kästen leicht anwittern und von Vögeln, Kleinsäugern oder Insekten zum Schlafen und Überwintern genutzt werden. Egal, ob ihr euch für einen fertigen Bausatz entscheidet oder das Material selbst zurechtsägt, die Materialeigenschaften sind entscheidend:

- Ungehobeltes Massivholz, mindestens 18 mm dick,
- das Holz darf nicht mit Holzschutzmitteln behandelt sein,
- vier Löcher mit einem Durchmesser vom 5 mm im Boden sorgen für Belüftung und Entfeuchtung.
- Die Innenseiten des Kastens sollten nicht glatt, sondern aufgeraut sein. So finden die tierischen Bewohner Halt. Dafür könnt ihr etwa mit einem Schraubenzieher ein paar Kerben ins Holz ritzen.
- Schrauben sind besser als Nägel. So spart ihr euch das zusätzliche Verleimen und die Kästen werden dichter.
- Auf Regenschutz achten: Dachpappe oder Metall als Dach.
- Plant eine Klappe zum Reinigen ein.

Der richtige Platz für den Nistkasten

Der passende Platz muss folgende Voraussetzungen erfüllen:

- ▷ Weder in der prallen Mittagssonne noch ganztägig im Schatten,
- ▷ das Flugloch sollte nicht zur Wetterseite ausgerichtet sein,
- ▷ vor Schlagregen geschützt,
- ▷ der Kasten darf nicht frei schwingen.
- ▷ Zum Anbringen einer Halbhöhle eignen sich geschützte, für Katzen und Marder möglichst nicht erreichbare Orte an der Laubenwand oder am Schuppen.
- ▷ Wenn ihr den Kasten in einen Obstbaum hängt, könnt ihr um dessen Stamm Zweige von stacheligen oder dornigen Sträuchern wickeln, um ihn katzensicher zu machen.

Nistkästen reinigen

Ihr könnt die Nistkästen im Herbst oder ab Februar reinigen. Dabei solltet ihr Handschuhe tragen, die alten Nester entfernen und das Kasteninnere mit einer Drahtbürste säubern.

Findet ihr tote Tiere, den Kasten am besten zusätzlich mit kochend heißem Wasser reinigen.

Braune Langohren in einer Fledermaus-Nisthöhle

Fledermäuse im Kleingarten

Wo Fledermäuse sind, ist der Garten in Ordnung! Das, was so plump klingt, hat einen realen Hintergrund. Denn Fledermäuse sind durchaus anspruchsvoll, was ihren Lebensraum betrifft. Wenn es ihnen bei uns gefällt, haben wir schon eine Menge richtig gemacht. Denn dann gefällt es auch bereits vielen Insekten bei uns. Fledermäuse brauchen reich strukturierte Gärten, mit einem großen Angebot an Nahrung und Unterschlupfmöglichkeiten. 25 Fledermausarten gibt es in Deutschland, alle sind streng geschützt und einige sogar vom Aussterben bedroht.

Fledermauskasten bauen

Besonders wichtig sind verschiedene Quartiere, in die sich die Fledermäuse tagsüber oder bei Regen oder gar im Winter zurückziehen können. Das kann ein Holzstapel sein, eine Trockenmauer oder die abblätternde Rinde eines alten Stammes. Ihr könnt den Tieren aber auch selbst einen Unterschlupf bauen. Ein sogenannter Spaltenkasten orientiert sich in seiner Bauweise an den natürlich vorkommenden Quartieren. Das bedeutet, dass die Fledermäuse diese Strukturen kennen und finden. Ein Fledermauskasten ersetzt natürlich keinen alten Obstbaum mit vielen Astlöchern und Totholz. Dorthin ziehen sich viele Fledermäuse natürlicherweise zurück. Aber ein solcher Kasten ist eine gute Gelegenheit, sich mit der Lebensweise der Tiere zu beschäftigen. In der Literatur, im Internet und bei Naturschutzverbänden findet ihr zahlreiche Anleitungen für den Bau eines Fledermauskastens. Ihr braucht auf jeden Fall gut abgelagertes Holz, etwa von Robinie oder Eiche. Das Holz darf nicht mit Holzschutzmitteln behandelt sein und

Nachtkerze (links), Nachtviole (Mitte) und Weiße Lichtnelke (rechts) sind Nachtfalterpflanzen

Futter für die Fledermäuse – Fragen an den Experten Christian Söder

Wenn ihr euren Kleingarten naturnah bewirtschaftet, werden sich Fledermäuse bei euch sicher wohlfühlen. Mit bestimmten Pflanzen könnt ihr zusätzlich Nachtfalter in den Garten locken, die wiederum Fledermäusen als Nahrung dienen. Fledermausexperte Christian Söder aus Kitzingen gibt Tipps, wie wir Fledermäuse im Kleingarten unterstützen können.

Die Fransenfledermaus braucht eine abwechslungsreiche Umgebung

Was fressen Fledermäuse?

Christian Söder: Die nachtaktiven Fledermäuse fressen ausschließlich Insekten und Spinnentiere. Auf dem Speiseplan der Fledermäuse stehen beispielsweise Nachtfalter, Käfer, Mücken und Fliegen. Je größer das Nahrungsangebot in unseren Gärten, desto besser.

Was sind Deine Top 5 Nachtfalterpflanzen für den Garten?

Christian Söder: Top 1: Nachtkerzen *(Oenothera)* – die schnell aufgehenden Blüten lassen sich toll beobachten.

Top 2: Königskerzen *(Verbascum)* – ein Muss in jedem naturnahen Garten.

Top 3: Nachtviole *(Hesperis matronalis)* – duftet herrlich am Abend.

Top 4: Weiße Lichnelke *(Silene latifolia)* – sie leuchtet bis in die Dämmerung.

Top 5: Geißblatt *(Lonicera caprifolium)* – ein süß duftender Nachtfaltermagnet.

Ein Fledermauskasten für Zwergfledermäuse lässt sich aus abgelagerten Holzbrettern, die mit einer Holzraspel an der Innenseite angeraut werden, selbst bauen. 2 cm dicke Leisten sorgen für die passende Spaltenbreite. Ein kleines Brett bildet das Dach.
Der Einflugsspalt liegt unten.

sollte eine Stärke von 2 cm haben. Wie breit und wie hoch der Kasten wird, ist Geschmackssache und hängt vom vorhandenen Material ab.

Der Bau eines solchen Kastens ist mit etwas handwerklichem Geschick kein Problem und laut des Fledermausexperten Christian Söder kommt es dabei auch nicht auf jeden Millimeter an. Wichtig ist nur, dass kein Wasser in den Kasten gelangt oder es im Inneren nicht zugig ist.

In dieser Variante (siehe gegenüberliegende Seite) ist das Brett für die hintere Wand 50 cm lang, das Brett für die Vorderseite 35 cm. Weiterhin braucht ihr noch ein Brett für das Dach mit einem leichten Überstand und zwei Holzleisten als Abstandhalter zwischen Vorder- und Rückseite. Die Oberfläche der Bretter, die später innen im Kasten liegen, raut ihr quer mit einer Feile an. In diesen Rillen können sich die Fledermäuse später festkrallen. Auf das große Brett schraubt ihr dann die zwei Holzleisten und darauf die Vorderseite des Kastens. Oben bündig, damit das Dach später satt aufliegt. Alles gut und dicht verschrauben als Schutz vor Zugluft. Das Dach könnt ihr noch zusätzlich mit Dachpappe abdichten. Beim Bau müsst ihr darauf achten, dass keine Schrauben in das Innere des Kastens ragen.

Fledermauskasten aufhängen

Idealerweise hängt ihr den Fledermauskasten in einen Obstbaum oder an die Laube. Drei Meter hoch ist ein guter Richtwert. Er darf nicht für Katzen erreichbar sein. Den Kasten solltet ihr fest montieren, damit er nicht wackelt, und es sollten im direkten Umfeld keine Hindernisse im Weg sein, die An- und Abflug behindern. Die Höhe, in der der Fledermauskasten im Garten aufgehängt wird, ist laut Christian Söder aber gar nicht so relevant. Er hat Fledermäuse schon in Spalten auf Bodenhöhe, in Quartieren auf Kopfhöhe oder auch in Kirchtürmen entdeckt. Bis der Kasten angenommen wird, kann es einige Jahre dauern, also habt Geduld. Und wahrscheinlich werdet ihr die Tiere selbst gar nicht unbedingt zu Gesicht bekommen. Aber kleine Kotkrümel am Boden unter dem Kasten sind ein Zeichen, dass er von Fledermäusen genutzt wird.

Der Obstbaum oder die Laubenwand sind gute Plätze

Welche Tiere leben in unserem Kleingarten?

Genau hinschauen und entdecken, welche Tiere im Garten leben: Auch das gehört für uns zum naturnahen Kleingarten. So lernen wir, wer sich im Laufe der Zeit bei uns wohlfühlt. Durch das intensive Beobachten lernen wir auch unseren Garten besser kennen, mit all seinen kleinen Lebensräumen und Besonderheiten. Wir fotografieren dafür regelmäßig die Tiere, die uns im Garten begegnen. Wenn sie sich denn fotografieren lassen. Und da sind mittlerweile schon einige zusammengekommen. Nicht nur bei uns, auch in anderen Parzellen. Ein tierischer Fotorundgang durch Kleingärten:

Holzbiene

Tigerschnegel

Moschusbock

Heupferd

Ameisensackkäfer

Erdkröte

Eidechse

Kohlmeise

Tagpfauenauge

Admiral

Spulers Glasflügler

Maskenbiene

Rote Mauerbiene

Naturnahes Gärtnern mit Auszeichnung

Wer naturnah gärtnert, möchte das gerne zeigen und möglichst viele Leute mit ins Boot holen. So ging es uns zumindest. Dafür sind Kleingartenanlagen der ideale Ort, denn die Gemeinschaft sollte hier ohnehin großgeschrieben sein. Eine Zertifizierung ist eine ideale Möglichkeit, die Bedeutung von Kleingärten für nachhaltiges Gärtnern und Artenvielfalt auch an die Öffentlichkeit zu bringen. Und im besten Fall viele Leute dazu bringen, sich ebenfalls mit dem Thema zu beschäftigen. Es gibt mehrere Institutionen und Verbände, die naturnahe Kleingärten auszeichnen und dabei unterschiedliche Kriterien festgelegt haben. Beispielsweise werden folgende Zertifikate vergeben:

- »Natur im Garten« der österreichischen Natur-Garten-Bewegung,
- Naturgartenprämierung der Initiative »Tausende Gärten – Tausende Arten«,
- »Vogelfreundlicher Garten« durch LBV – Landesbund für Vogel- und Naturschutz in Bayern,
- »Bayern blüht – Naturgarten« vom Landesverband Bayerischer Kleingärtner e.V. in Zusammenarbeit mit der staatlichen Gartenbauverwaltung in Bayern,
- »Schmetterlingsfreundlicher Garten« durch NABU NRW.

Zertifizierung als Gemeinschaftsprojekt

In Sachen Nachhaltigkeit sollte unsere Kleingartenanlage NW 18 ein Vorbild für andere Anlagen in Bayern werden. Daher haben wir uns vorgenommen, die komplette Anlage bei der Initiative »Bayern blüht – Naturgarten« zertifizieren zu lassen. Das Ziel: die Goldmedaille. Die gibt es nur,

◄ Naturerlebnisse im Kleingarten: Zitronenfalter (oben) und Trauer-Rosenkäfer (unten) kommen als Gäste

wenn über 90 Prozent der Gärten die Plakette erhalten. Das ist nur gemeinsam zu schaffen! Wir mussten 122 Pächterinnen und Pächter überzeugen, ihre Parzellen im Sinne der Zertifizierung zu gestalten.

Die Zertifizierung »Bayern blüht – Naturgarten«

Artenvielfalt, Ressourcenschutz und die Entwicklung des städtischen Grüns sind Kernpunkte der Zertifizierung. Je nachdem, wie viele Gärten eine Zertifizierung erhalten, gibt es für die Anlage Bronze, Silber oder Gold. Wir wollten die Gartlerinnen und Gartler überzeugen, ihre Parzellen nachhaltiger, umwelt- und tierfreundlicher zu bewirtschaften. Grundlegende Kriterien wie torf- und giftfreies Gärtnern und der Verzicht auf mineralische Dünger sind in der Gartenordnung ohnehin festgehalten. Jetzt mussten wir nur noch zeigen, dass der Schutz von Insekten und der Anbau von Obst und Gemüse im Sinne des Bundeskleingartengesetzes kein Widerspruch sein müssen.

Zertifizierung – warum eigentlich?

Wir mussten uns auch im Vorstand erst mal einig werden, warum wir diese Zertifizierung eigentlich haben wollen. Denn auf die Frage: »Warum brauchen wir das?« zu antworten: »Wäre doch schön zu haben!«, reicht als Argument nicht aus. Allgemein ist die Zertifizierung einer kompletten Anlage eine ideale Möglichkeit, die Bedeutung von Kleingärten für nachhaltiges Gärtnern und Artenvielfalt auch an die Öffentlichkeit zu bringen. Und im besten Fall viele Leute zu überzeugen, sich ebenfalls mit dem Thema zu beschäftigen. Für uns waren aber noch weitere Gründe entscheidend, die wir so auch den Mitgliedern vermitteln wollten.

Die Ziele für unseren Verein:

- Vorbildfunktion,
- Artenschutz in der Stadt voranbringen (122 Parzellen, in jeder Parzelle nur 10 Quadratmeter insektenfreundlich gestaltet, sind das bereits 1220 Quadratmeter für die Artenvielfalt!),
- Gemeinschaft stärken, gemeinsam erfolgreich sein,
- Verantwortung für den Stadtteil übernehmen,
- das Ansehen der Anlage stärken.

Die Vorteile für die Mitglieder:

- Nützlinge fördern! Die helfen bei der Bestäubung und helfen, unerwünschte Tiere im Nutzgarten in Schach zu halten.
- Geld sparen durch weniger Dünger, schonende Bodenbearbeitung und Kompost.
- Geld sparen durch Recycling alter Materialien.
- Wasser sparen durch Mulchen.
- Weniger Arbeit: nicht mehr umgraben, weniger mähen.
- Grünschnitt muss nicht zum Wertstoffhof gebracht werden, sondern bleibt im Garten (wildes Eck).
- Natur im Garten erleben und als Rückzugsort genießen.
- Gelassener im Garten werden und mehr Entspannung finden.

Die Kriterien

Der Kriterienkatalog wurde von der Bayerischen Gartenakademie an der Bayerischen Landesanstalt für Weinbau und Gartenbau in Zusammenarbeit mit dem Bayerischen Landesverband für Gartenbau und Landespflege e. V., dem Landesverband Bayerischer Kleingärtner e. V. und dem Verband der Kreisfachberater für Gartenkultur und Landespflege in Bayern zusammengestellt.

Kern-Kriterien, die alle erfüllt werden müssen:

- Verzicht auf chemisch-synthetische Dünger,
- Verzicht auf chemische Pflanzenschutzmittel,
- kein Einsatz von torfhaltigen Substraten,
- Gesamteindruck: hohe ökologische Vielfalt.

Dazu kommen noch Kann-Kriterien in den Bereichen »Naturgartenelemente« wie Vielfalt der Lebensräume und wilde Ecke und »Bewirtschaftung & Nutzgarten«, beispielsweise Kompostierung und Ressourcenschonung. In jedem Bereich sind insgesamt 14 Punkte zu vergeben, mindestens sieben Punkte müssen erreicht werden.

Von der Idee zur Zertifizierung

Im Frühjahr 2021 sind unsere Fachberaterin Dr. Doris Quinten und ich durch die Anlage gegangen, um uns im Sinne der Zertifizierung einen Überblick über den Zustand der einzelnen Gärten zu verschaffen. Anhand der Kriterien haben wir grob die Chancen für eine Plakette abgeschätzt. Wir waren guter Dinge, da unserer Meinung nach die Voraussetzungen in den meisten Gärten gut waren und die Zertifizierung mit überschaubarem Aufwand möglich sein sollte. Da im Frühjahr 2021 aufgrund der Pandemie noch keine Mitgliederversammlung erlaubt war, wurden die Mitglieder per Brief über das Projekt informiert.

Mit Flyern haben wir unsere Mitglieder über die Details der Zertifizierung informiert mit der Bitte, sich bei Fragen an uns zu wenden. Und das haben tatsächlich auch viele getan. Einige waren unsicher, was die Zertifizierung überhaupt bedeutet und wie viel Aufwand auf sie zukommen würde, andere freuten sich bereits darauf, ihren ohnehin schon naturnah bewirtschafteten Kleingarten mit einer Plakette schmücken zu können.

Bei den Beratungen wollten wir die Mitglieder natürlich in erster Linie von der Zertifizierung überzeugen, aber auch betonen, dass ein naturnaher Kleingarten nicht im Widerspruch zum Bundeskleingartengesetz steht.

Die Zertifizierung

Ab Ende Juli 2021 wurde dann die Zertifizierung der einzelnen Parzellen durchgeführt. Dazu mussten rund 15 zur Verfügung stehende Zertifiziererinnen und Zertifizierer mit unseren 122 Gartenpächterinnen und -pächtern koordiniert werden. Die allgemeinen Zertifizierungstermine wurden per Aushang bekannt gegeben und die genauen Uhrzeiten für die einzelnen Pächterinnen und Pächter in einem gesonderten Schreiben mitgeteilt. Für jedes Zertifizierungs-Team standen mehrere Gärten pro Tag auf dem Programm. Nach insgesamt fünf Terminen war das Projekt dann aber tatsächlich geschafft. 115 unserer 122 Parzellen haben die Zertifizierung erlangt. Das sind über 90 Prozent der Gärten und bedeutet »Gold«! Die Anlage NW 18 ist damit die erste Kleingartenanlage in Bayern, die mit der kompletten Anlage an der Zertifizierung »Bayern blüht – Naturgarten« teilgenommen hat – ein großer Erfolg der Gartengemeinschaft.

Der naturnahe Lehrpfad als Gemeinschaftsprojekt

Um den Mitgliedern Vorschläge zu machen, wie man mit einfachen Mitteln nachhaltig gärtnern und auch Tiere in den Garten locken kann, ist auf unserer Gemeinschaftsfläche ein Lehrpfad entstanden. Wichtig war uns als Vorstand dabei, keine abgehobenen, für einen Kleingarten unrealistischen Bauwerke zu zeigen, sondern umsetzbare Ideen. Alle Stationen lassen sich auch in kleinerem Maßstab auf den eigenen Garten übertragen. Das Ziel sollte und soll sein, dass jeder das Passende für sich findet. An jeder Station gibt es auf Schautafeln Informationen, welchen Tieren man mit Holzhaufen und Co. Gutes tut. Für Kleingärtner und Kleingärtnerinnen besonders interessant ist, dass viele Tiere, die wir mit den Maßnahmen in den Garten locken, beim Anbau von Obst und Gemüse helfen: Einige Laufkäfer, die von Totholz profitieren, fressen Nacktschnecken. Solitäre Wespen, Schwebfliegenlarven und Marienkäfer sammeln Blattläuse ab oder vertilgen sie. Und Wildbienen bestäuben fleißig unsere Obstbäume.

Weitere Informationen gibt's zur Pflanzen- und Materialauswahl. Denn ein wichtiger Punkt des Lehrpfads ist es, möglichst ressourcenschonend zu arbeiten. Das ist günstiger, nachhaltiger, natürlicher und, im Falle des Beetes aus Betonplatten, spart den Weg zum Wertstoffhof. Nicht nur Mitglieder unserer Anlage holen sich an unserem Lehrpfad Ideen, auch viele Besucherinnen und Besucher lassen sich hier inspirieren.

Der Lehrpfad sollte aber keine vom Vorstand erstellte und als Frontalunterricht gedachte Installation sein. Daher sind die einzelnen Stationen in Gemeinschaftsarbeit entstanden. Das hat den Zusammenhalt innerhalb des Vereins gestärkt, die Identifikation mit dem Projekt gefördert und praxisnah gezeigt, dass die Anlage der naturnahen Elemente keine komplizierte Wissenschaft ist.

Zeigen und weitererzählen

Gartenführungen

Gartenführungen sind für uns eine tolle Möglichkeit, Menschen über naturnahe Kleingärten zu informieren. Bei uns finden solche Führungen beispielsweise jährlich im Rahmen der Stadtteil-Kulturtage statt. Das Publikum ist dabei komplett gemischt. Es sind erfahrene Kleingärtnerinnen und Kleingärtner dabei, aber auch Laien in Sachen Garten. Und solche, die bis zum Zeitpunkt der Führung überhaupt noch nicht wussten, was es mit Kleingärten eigentlich auf sich hat.

Gemeinschaftsflächen

Die Gemeinschaftsflächen einer Kleingartenanlage haben ein großes Potential, einen Beitrag zur Artenvielfalt zu leisten. Hier ist es möglich, auch größere Projekte umzusetzen, und einige Anlagen in Deutschland nutzen diese Möglichkeit bereits. Das hat auch der 25. Bundeswettbewerb »Gärten im Städtebau« gezeigt. In nahezu allen der 22 von der Jury bereis-

Als Gemeinschaftsprojekt wurde im Halbschatten ein Beet mit insektenfreundlichen Wildpflanzen angelegt. Die Einfassung aus Totholz bietet Hohlräume für Käfer und Spinnen.

ten Anlagen sind die Gemeinschaftsflächen naturnah gestaltet. Mit Wildblumenwiesen, Totholzhecken, Magerbeeten, Wasserflächen oder Steinhaufen. Diese Flächen sind aber nicht »einfach nur da«, sie haben auch einen pädagogischen Nutzen. Infotafeln erklären genau, dass es sich bei den Elementen nicht um vergessene Flächen handelt, sondern um wichtige Lebensräume, die zahlreichen Tieren nützen.

Es muss aber nicht gleich das große Projekt sein. Wenn Gemeinschaftsflächen aus vielen Rasenflächen bestehen, kann es der Artenvielfalt schon helfen, die Flächen einfach weniger zu mähen. Oder erst kurz vor Veranstaltungen. Und dann auch nicht das ganze Areal, sondern nur das, was wirklich für diesen Termin gebraucht wird. Um zu verhindern, dass der Eindruck eines unkontrollierten Wildwuchses entsteht, können sogenannte »Akzeptanzstreifen« gemäht werden. Ein bestimmter Bereich der Fläche, in der Regel der Rand, wird regelmäßig gemäht. So ist klar, dass der Rest der Fläche bewusst stehen geblieben ist. Die Vorteile des insektenfreundlichen Mähens werden dann noch mal auf einem Informationsschild zusammengefasst, gezeichnet vom Vorstand.

Da wir die Menschen ja von unserer Sache überzeugen wollen, müssen wir sie da abholen, wo sie mit ihrem Wissen und Interesse stehen. Gartenneulinge können wir meist schon packen, wenn wir an Nisthilfen für Wildbienen vorbeikommen. Vorausgesetzt, diese sind richtig gebaut. Allein die Bienen bei ihrer Brutpflege zu beobachten, kann für viele ein erster Anstoß sein, sich mit Artenvielfalt und der Bedeutung des naturnahen Gärtnerns zu beschäftigen. Wir nutzen solche Führungen aber auch, um auf die Bedeutung von Kleingartenanlagen hinzuweisen. Vor allem, dass diese nicht nur den Pächterinnen und Pächtern nutzen, sondern im besten Fall auch den Menschen aus der Umgebung, die keinen Kleingarten besitzen. Über diese Geschichte können wir dann auch leicht zum Bundeskleingartengesetz und den Gartenordnungen überleiten. Denn dann wird klar, warum beispielsweise eine bestimmte Heckenhöhe in den meisten Kleingartenanlagen vorgeschrieben ist: Besucher könnten sonst nicht in die Gärten schauen und sie genießen. Solche Gartenführungen sind aber auch wichtig für die Vernetzung der Kleingartenanlagen untereinander. Wir können uns gegenseitig besuchen und Überzeugungsarbeit in Sachen naturnahes Gärtnern leisten.

Nur Mut!

Es gibt noch so viele Themen, die man im naturnahen Kleingarten umsetzen kann, die in diesem Buch aber keinen Platz mehr gefunden haben. Allein über die nachhaltige Gestaltung einer Gartenlaube könnte man ein eigenes Buch schreiben oder über Frühbeete und Gewächshäuser aus gebrauchten Materialien.

Seit fünf Jahren bewirtschaften wir jetzt unseren Kleingarten und wir sind immer noch begeistert, wie viel Leben sich auf einer 250 Quadratmeter großen (kleinen) Fläche einfinden kann, die vorher nur aus Rasen und Betonplatten bestand. Es summt und brummt, wir können unser eigenes Obst und Gemüse ernten und Natur hautnah erleben. Das schafft ihr auch, ihr müsst nur anfangen! Ihr werdet es nicht bereuen. Nutzt die Quellen und Literaturhinweise, die im Anhang zu finden sind, und sucht das Passende für eure Parzelle heraus.

Und vernetzt euch. Schaut euch andere Kleingärten und Anlagen an, lasst euch inspirieren und gebt eure Erfahrungen weiter. Und begeistert so auch andere Kleingärtnerinnen und Kleingärtner für das Thema Artenvielfalt im Kleingarten. Niemand muss dafür gleich seinen geordneten Garten komplett umkrempeln, es zählen schon kleine Schritte. Ein Eck mit Totholz, weniger Rasenmähen und ein paar Wildblumen können schon etwas bewirken, wenn viele mitmachen.

Hoffentlich kann dieses Buch euch motivieren, mehr Natur in euren Kleingarten zu holen. Es lohnt sich!

Dank

Auch, wenn auf dem Umschlag nur ein Name steht, ist dieses Buch mit Hilfe vieler Menschen entstanden, die mich bei der Arbeit unterstützt haben. Vielen herzlichen Dank dafür!

Melanie Schellack, Duisburg

Stefan Behr, Hamburg

Antje Krüger und
Sven-Karsten Kaiser, Dresden

Bernd Weichmann, Rostock

Katharina Heuberger
Online-Magazin Wilder Meter, München

Angelika Feiner
Landesverband Bayerischer Kleingärtner e. V.

Jörg Schnöring
1. Vorstand Kleingartenverein NW 18 e. V. – mit Maren

Sophia Engel und Marion Dorsch
Landesbund für Vogel- und Naturschutz in Bayern e. V. (LBV) Kreisgruppe München

Miriam Henning
Naturgarten-Planerin, Landsberied

Susanne Spatz-Behmenburg
Gärtnerei StaudenSpatz, Oberhausen

Till Hofmann & Fine Molz
Die Staudengärtnerei, Rödelsee

Christian Söder
Büro naturgeflatter, Kitzingen

Joschka Meyer
Landesbund der Gartenfreunde in Hamburg e. V. (LGH)

Alina Haitzer, Fürth

Thomas Lohrer
Institut für Gartenbau (Fachgruppe Pflanzenschutz) am Zentrum für Forschung und Wissenstransfer (ZFW) Leitung Labor Pflanzenschutz Weihenstephan

Thomas Bauer
Sachverständiger für Haus- und Kleingarten, Augsburg

Martin Staffler
Gartenfotograf, Stuttgart

Silke
Erste Leserin, Berlin

Liz & Wastl
Catsitting und Support

Und natürlich:

Bine & Nora
Liebe und Schnurren

Der Autor

Tobias Bode ist 2. Vorstand des Kleingartenvereins NW 18 in München. Der gelernte Landschaftsgärtner und Dipl.-Ing. (FH) Freiraumplanung arbeitet als Autor und Regisseur bei »Querbeet«, der Gartensendung des Bayerischen Rundfunks.

Gärtnern geht für Tobias Bode nur naturnah und dafür will er möglichst viele Kleingärtnerinnen und Kleingärtner begeistern. Gemeinsam mit seiner Frau Sabine bewirtschaftet er seit Dezember 2018 eine 250 Quadratmeter große Parzelle.

Von den insgesamt 122 Parzellen der Anlage NW 18 im Norden von München sind 115 Gärten als Naturgarten zertifiziert (Stand 2023). Das sind über 90 Prozent der Gärten und dafür bekam die Anlage die Auszeichnung »Gold« im Rahmen der Zertifizierung »Bayern blüht – Naturgarten«. Die NW 18 ist die erste Kleingartenanlage in Bayern, die mit der kompletten Anlage an der Zertifizierung teilgenommen hat. Artenvielfalt, Ressourcenschutz und die Entwicklung des städtischen Grüns sind Kernpunkte der Zertifizierung. Zudem hat die Kleingartenanlage NW 18 beim 25. Bundeswettbewerb »Gärten im Städtebau« in Berlin die Goldmedaille erhalten. Hier geht's zur Kleingartenanlage NW 18: www.kleingarten-nw18.de.

Anhang

Adressen Kleingärten

Bundesverband der Kleingarten-vereine Deutschlands e. V.
Platanenallee 37
14050 Berlin
www.kleingarten-bund.de

Deutsche Schreberjugend
Bundesverband e. V.
Kirschenallee 25
14050 Berlin
www.deutsche-schreberjugend.de

Landesverband Bayerischer Kleingärtner e. V.
Krüner Straße 8a
81373 München
www.l-b-k.de

Zentralverband der Kleingärtner und Siedler Österreichs
Simon-Wiesenthal-Gasse 2
1020 Wien
www.kleingaertner.at

Schweizer Familiengärtner-Verband
Libellenweg 5
3250 Lyss
www.familiengaertner.ch

Kleingartenanlage Aronia
Pirnaer Landstraße 246
01259 Dresden

Kleingartenanlage Weiße Rose e. V.
Südring 72 D
18059 Rostock

Regionalgruppe Hamburg NaturGarten e. V.
Stefan Behr
Clasingstraße 7
20255 Hamburg
regiogruppe-hamburg@naturgarten.org

LBV-Biodiversitätsgarten
Kleingartenanlage NW 1
Sadelerstraße 20
80638 München
www.lbv-muenchen.de/biodiversitaetsgarten

Kleingartenverein NW 18 e. V.
Waldhornstr. 84
80997 München
www.kleingarten-nw18.de

Bezugsquellen Pflanzen und Saatgut

Deutschland

Bioland Hof Jeebel
Jeebel 17
29410 Salzwedel OT Jeebel
www.biogartenversand.de

Wildpflanzengärtnerei Strickler
Weinheimer Landstraße 71
55232 Alzey
www.gaertnerei-strickler.de

Bingenheimer Saatgut
Kronstraße 24
61209 Echzell
www.bingenheimersaatgut.de

Hof Berg-Garten
Lindenweg 17
79737 Herrischried
www.hof-berggarten.de

Gärtnerei StaudenSpatz
Kreilhof 7
82386 Oberhausen
www.staudenspatz.de

Staudengärtnerei Extragrün
Am Anger 6
85356 Freising
wp.extragruen-freising.de

Staudengärtnerei Gaißmayer
Jungviehweide 3
89257 Illertissen
www.gaissmayer.de

Die Staudengärtnerei
Till Hofmann & Fine Molz GbR
Alte Iphöfer Straße 27
97348 Rödelsee
www.die-staudengaertnerei.de

Österreich

Wilde Blumen
Puchheimer Straße 9
4844 Regau
www.wildeblumen.at

Arche Noah
Obere Straße 40
3553 Schiltern
www.arche-noah.at

Schweiz

Die Wildstaudengärtnerei
Neumühle 2
Waldibrücke
6274 Eschenbach
www.wildstauden.ch

Informationen über Naturgärten und Biologische Vielfalt

Deutschland

Tausende Gärten – Tausende Arten
Deutsche Gartenbau-Gesellschaft 1822 e. V.
Kleine Präsidentenstraße 1
10178 Berlin
www.tausende-gaerten.de

Deutsche Wildtier Stiftung
Christoph-Probst-Weg 4
20251 Hamburg
www.deutschewildtierstiftung.de

NaturGarten e. V.
Reuterstraße 157
53113 Bonn
www.naturgarten.org

gArtenvielfalt: Kampagne für Biodiversität in Gärten
Bayerisches Landesamt für Umwelt
Bürgermeister-Ulrich-Straße 160
86179 Augsburg
www.lfu.bayern.de/natur

Landesbund für Vogel- und Naturschutz in Bayern e. V.
Eisvogelweg 1
91161 Hilpoltstein
www.lbv.de

Büro naturgeflatter
Christian Söder
Kirchberg 9
97318 Kitzingen
www.naturgeflatter.de/

Österreich

Verein REWISA-Netzwerk
Tulpengasse 8A
4400 Steyr
www.rewisa.at

Schweiz

Bioterra
Zypressenstrasse 76
8004 Zürich
www.bioterra.ch

Zum Weiterlesen

Michael Altmoos: **Mehr Wildnis wagen!,** pala-verlag

Ulrike Aufderheide: **Schöne Wege im Naturgarten,** pala-verlag

Ulrike Aufderheide: **Tiere pflanzen,** pala-verlag

Christoph Bachmann, Eva Bührer, Kurt Forster: **Permakultur,** Haupt Verlag

Thomas Bauer, Angelika Feiner: **Wertermittlung von Kleingärten,** mk Medienmanufaktur

Werner David: **Fertig zum Einzug.** Nisthilfen für Wildbienen, pala-verlag

Damien Dekarz: **Permakultur im Bio-Garten,** smarticular Verlag

Dirk A. Diehl: **Ein Garten für Fledermäuse,** pala-verlag

Irmela Erckenbrecht: **Neue Ideen für die Kräuterspirale,** pala-verlag

Angelika Feiner, Martin Rist: **Das Schrebergarten-Buch,** BLV Verlag

Markus Gastl: **Drei-Zonen-Garten.** Vielfalt, Schönheit, Nutzen, Pfeil Verlag

Dettmer Grünefeld: **Das Mulchbuch,** pala-verlag

Alina Haitzer: **Insektenschonende Mahd von Überwinterungsrefugien auf urbanen Grünflächen,** Masterarbeit 2023/2024, Bayreuth

Andrea Heistinger: **Handbuch Bio-Gemüse,** Verlag Eugen Ulmer

Andrea Heistinger: **Handbuch Samengärtnerei,** Löwenzahn Verlag

Geoff Hodge: **Botanik für Gärtner,** DuMont Verlag

Lorenz Mainczyk, Patrick R. Nessler, Thomas Bauer: **Recht im Kleingarten,** Texte, Erläuterungen, Bewertungskriterien und aktuelle Themen, Rehm Verlag

Joschka Meyer: **Naturnaher oder verwilderter Kleingarten?** Eine Gegenüberstellung, in: Der Gartenfreund Oktober 2022, Mitgliedszeitschrift des Landesbundes der Gartenfreunde in Hamburg e. V.

NaturGarten e. V.: **Der naturnahe Kleingarten,** Natur & Garten, Naturgarten-Fachmagazin Heft 1.23

Paula Polak: **Regenwasser nutzen – ein Geschenk für meinen Garten,** pala-verlag

Josef H. Reicholf: **Stadtnatur,** oekom-Verlag

Margit Rusch: **Anders gärtnern,** ökobuch Verlag

Sonja Schwingesbauer: **Natürlich schön & wild umschwärmt,** Haupt Verlag

Margot Spohn, Roland Spohn: **Blumen und ihre Bewohner,** Haupt Verlag

Peter Steiger: **Heimische Wildstauden im Garten,** Verlag Eugen Ulmer

Janina Voskuhl, Herbert Zucchi: **Wildbienen in der Stadt,** Haupt Verlag

Paul Westrich: **Die Wildbienen Deutschlands,** Verlag Eugen Ulmer

Reinhard Witt: **Natur für jeden Garten,** NaturGarten Verlag

Hannelore Zech: **Alles aus dem eigenen Garten.** Ganzjährig selbstversorgt mit Permakultur, SüdOst Verlag

Weitere Informationen im Internet

Komm mit in den Garten – Der MDR Garten-Podcast:
www.ardaudiothek.de/sendung/komm-mit-in-den-garten-der-mdr-garten-podcast/85685590

Querbeet – Gartensendung des BR:
www.br.de/br-fernsehen/sendungen/querbeet

Wissensblog des NaturGarten e. V.:
www.naturgarten.org/wissen/category/blog

Tipps zum naturnahen Nutzgarten von der Bayerischen Landesanstalt für Weinbau und Gartenbau (LWG):
www.lwg.bayern.de/gartenakademie/index.php

Das grüne Netzwerk:
Schrebergartenblog aus Duisburg von Melanie Schellack
www.dasgruenenetzwerk.de

Verbundprojekt Kleingärten für Biologische Vielfalt:
www.kleingaerten-biologische-vielfalt.de

Informationen über heimische Wildpflanzen:
www.naturadb.de

Informationen über Wildbienen von Paul Westrich:
www.wildbienen.info

Informationen über Wildbienen von Volker Fockenberg:
www.wildbiene.com

Farina Graßmann:
Wunderwelt Moor
ISBN: 978-3-89566-431-1

Ulrike Aufderheide:
Die Rasen-Revolution
ISBN: 978-3-89566-433-5

Michael Altmoos:
Besonders: Schmetterlinge
ISBN: 978-3-89566-408-3

Werner David:
Fertig zum Einzug: Nisthilfen für Wildbienen
ISBN: 978-3-89566-358-1

Paula Polak:
**Regenwasser nutzen –
ein Geschenk für meinem Garten**
ISBN: 978-3-89566-427-4

Ulrike Aufderheide:
**Klimafest und artenreich –
das Naturgartenprinzip**
ISBN: 978-3-89566-429-8

Sigrid Tinz:
Haufenweise Lebensräume
ISBN: 978-3-89566-389-5

Brigitte Kleinod /
Friedhelm Strickler:
Schön wild!
ISBN: 978-3-89566-367-3

Andrea Preißler-Abou El Fadil:
Gärtnern nach dem Terra-Preta-Prinzip
ISBN: 978-3-89566-376-5

Agnes Pahler:
Das Kompostbuch
ISBN: 978-3-89566-315-4

Natalie Faßmann:
Beinwelljauche, Knoblauchtee & Co.
ISBN: 978-3-89566-312-3

Brigitte Kleinod:
Das Hochbeet
ISBN: 978-3-89566-261-4

Katharina Heuberger:
Mein wilder Meter
ISBN: 978-3-89566-428-1

Christina Mann:
Kraftsträuße
ISBN: 978-3-89566-354-3

Elke Puchtler:
Lavendelschätze
ISBN: 978-3-89566-377-2

Irmela Erckenbrecht:
Duftoase Kräuterspirale
ISBN: 978-3-89566-344-4

Gesamtverzeichnis bei:
pala-verlag, Am Molkenbrunnen 4, 64287 Darmstadt, www.pala-verlag.de

ISBN: 978-3-89566-435-9

Am Molkenbrunnen 4, 64287 Darmstadt
www.pala-verlag.de

Bildnachweis:
Seite 14: Michael Ackermann
Seiten 32, rechts, 59, 68, links und 128, rechts: Sabrina Nitsche
Seiten 58, 75, Mitte, 104, unten, 124 und 181: Jörg Schnöring
Seiten 108, links und 132, oben rechts: Martin Staffler
Seite 132, oben Mitte: Karsten Mody
Seite 132, Mitte links: Agnes Pahler
Seiten 164 und 165, unten: Christian Söder
alle anderen Fotos: Tobias Bode

Umschlagfotos: Tobias Bode

Lektorat: Barbara Reis

Satz und Gestaltung: Die Werkstatt Medien-Produktion GmbH, Göttingen
www.werkstatt-produktion.de

Druck und Bindung:
Beltz Grafische Betriebe GmbH, Bad Langensalza
www.beltz-grafische-betriebe.de
Printed in Germany

Gedruckt auf
100% Recyclingpapier